Contes et histoires de POMME D'API

bayard jeunesse

Malin-Malice et le diable

Texte : Françoise Moreau-Dubois • Illustrations : Marcelino Truong

Le diable de Vauvert était insupportable.
Il ne faisait rien de ses pattes avant, pas plus que de ses pattes arrière.
Sa seule occupation était de barrer la route aux gens qui rentraient du travail :
– Allez, bûcheron, donne-moi tes trois sous, et plus vite que ça !
Puis il faisait le tour des boutiques :
– Tailleur, donne-moi ce gilet brodé ou il t'arrivera malheur !
Et le tailleur obéissait comme le bûcheron et la bûcheronne,
le cordonnier et sa femme. Tous disaient :
– Oui, not'diable ! Voilà, not'diable !

Tous obéissaient, sauf Malin-Malice.
Le diable lui proposa un marché :
– Je n'aime pas travailler, tu le sais. Va donc t'occuper de mon jardin !
Seulement, tu devras me donner la moitié de la récolte, chaque année.
– Entendu, not'diable, dit Malin-Malice, on partagera : ce qui sortira de terre sera pour vous et ce qui sera dessous sera pour moi.
– Ça va comme ça, dit le diable.

Et Malin-Malice planta des carottes, des radis et des pommes de terre.
À la récolte, il fit deux tas : pour le diable toutes les feuilles qui sortaient du sol, et pour lui tous les bons légumes qui étaient dessous.
– Tu me prends pour un lapin ! dit le diable. À la prochaine récolte, on fera le contraire : tu garderas ce qui sortira de terre, mais ce qui sera dessous, ce sera pour moi !
– D'accord, not'diable, dit Malin-Malice.
Et il planta des tomates, des melons, des fraises et des potirons.
À la récolte suivante, vous voyez ce qui arriva !

– Tu fais bien le malin, dit le diable. Garde donc tes fruits, tes feuilles et tes racines !
Seulement je viendrai chez toi trois fois par semaine pour déjeuner !

Malin-Malice décida d'inviter
tout le village pour donner une leçon
au diable. Chacun tout seul avait peur
mais tous ensemble, ils étaient braves.
La femme du cordonnier
mijota une soupe de vipères,
la bûcheronne mijota
une tourte aux fourmis
avec de la crème pour cacher le goût.
Le diable commença à s'empiffrer…
Le tailleur apporta du cidre à la pisse
de chat et il remplit souvent
le verre du diable de Vauvert.
Le cordonnier servit en dessert
un gâteau à la mort-aux-rats.

Quand le diable sortit de table,
il avait le ventre tout ballonné.
Et il rotait et il pétait
comme un beau diable !
Alors les gens disaient en rigolant :
– Comment ça va, not'diable ?
Une petite tisane pour digérer ?
Le diable se tordait, il était jaune,
il était vert et gris.
Et les autres se tordaient de rire.
Ils lui tiraient la queue et les oreilles.
Et lui pleurnichait :
– J'suis malade ! On m'a empoisonné !
Le diable de Vauvert eut tellement honte
qu'il disparut du pays,
la queue entre les jambes.

Et personne ne le revit !

Albert, le géant géant

Texte : Sylviane Dautrevaux • Illustrations : Antoon Krings

Au pays des géants vit Albert, le géant géant.
Quand il rentre dans sa maison, il se cogne la tête au plafond.
Quand il tend les bras pour embrasser ses enfants,
il s'écorche les coudes aux murs.
Sa femme Carole est obligée de monter sur un tabouret
pour lui donner son chapeau.
Non, vraiment, Albert est trop grand, même pour un géant !

Alors un jour, Albert décide de partir chez les Grands Sorciers Savants
pour rapetisser. Il fait trois pas de géant et le voici arrivé.
Albert déclare bien poliment :
– Chers et vénérés sorciers, je voudrais quelque chose pour rapetisser.
On lui donne la potion qui fait rapetisser en lui disant :
– Fais bien attention, quelques gouttes suffisent !

Albert remercie poliment et il s'en va.
Mais quand il arrive devant chez lui,
il est si content qu'il avale tout le flacon ! Ça fait « schlouff » dans son ventre,
et Albert se retrouve tout petit, aussi petit qu'un homme.
Quelle catastrophe ! Que vont dire sa femme et ses enfants ?
Comment les embrassera-t-il, lui qui les aime tant et tant ?
Alors Albert repart chez les Grands Sorciers Savants.
Hélas ! Plus question de pas de géant, il doit marcher longtemps, longtemps...
Quand il arrive enfin, il salue bien poliment :
– Bonjour, chers et vénérés sorciers, je voudrais quelque chose
pour grandir énormément.
– Mais, disent les sorciers, n'as-tu pas demandé
une potion pour rapetisser ? Tu ne sais pas ce que tu veux, rentre chez toi !
Albert est catastrophé ! Il ne veut pas rentrer chez lui dans cet état !
Alors il reste là et il attend.
Les jours et les semaines passent, puis un mois et une saison.
Albert attend toujours.

Enfin, un jour, il entend de grands cris. C'est Grand-Sorbier, le plus grand des Grands Sorciers Savants, qui arrive en agitant les bras :
– Oh, là là ! Catastrophe et calamité ! Il y a un Chablotin dans la forêt !
À ce mot, tous les sorciers crient :
– Quelle horreur ! Un Chablotin !
Albert se redresse et il demande :
– Qu'est-ce que c'est, un Chablotin ?
– Un Chablotin est un monstre affreux, avec deux grandes trompes et des yeux gros comme des ballons ! Hélas ! Hélas ! Qu'allons-nous devenir ?
Albert n'a jamais entendu parler d'un monstre semblable ! Il demande encore :
– C'est très méchant, un Chablotin ?
Grand-Sorbier répond :
– Oh non, ce n'est pas méchant du tout ! Mais c'est très fort et très joueur ! Quand il joue au foot avec nos maisons, c'est très désagréable ! Mais le pire... c'est qu'on n'a aucun pouvoir sur lui !
Soudain, Albert et les sorciers sont emportés pêle-mêle par un grand souffle. Ils se retrouvent tous par terre, et les sorciers se mettent à crier :
– Va-t'en, Chablotin, va jouer ailleurs !
Alors, quand le silence est revenu, Albert déclare très poliment :
– Chers et vénérés sorciers, je crois bien que j'ai une idée : rendez-moi ma taille de géant et je vous débarrasse du Chablotin !

En effet, quelle bonne idée !
Albert avale la potion,
ça fait « schlouf » dans son ventre
et Albert grandit énormément !
Il attrape le Chablotin par les bretelles :
– Dis donc, Chablotin,
tu n'as pas fini d'embêter tout le monde ?
Et sans plus de façons,
il met le Chablotin dans sa bourse.

Quand il rentre dans sa maison,
il se cogne un bon coup la tête au plafond !
Sa femme et ses enfants
se jettent dans ses bras.
Il s'écorche les coudes en les embrassant,
mais il s'en moque à présent !
Il sort le Chablotin de sa bourse
et il le donne à ses enfants qui rêvaient
depuis tellement longtemps
d'avoir un petit monstre vivant !

Midi, l'heure du loup

Texte : Elsa Devernois • Illustrations : Benoît Debecker

Il est midi dans la forêt.
Un loup, caché derrière un arbre,
voit passer devant lui un petit lapin.
Le loup fait un bond
sur le côté et il s'écrie :
– Ah, ah, petit lapin, je vais te manger !
Mais le lapin hoche la tête et il dit :
– Excuse-moi, mais j'ai une autre idée.
Je suis apprenti cuisinier
et je veux devenir le meilleur cuisinier de la forêt.
J'ai préparé un sandwich, goûte-le.
J'ai besoin de l'avis d'un connaisseur.
Le loup, flatté, croque le sandwich.
Le petit lapin, inquiet, lui demande :
– Alors, qu'est-ce que tu en penses ?
Le loup répond simplement :
– C'est bon !
Le petit lapin insiste :
– Tu ne trouves pas
qu'il y a trop de mayonnaise ?
Le loup dit :
– Non, non.
Le petit lapin insiste encore :
– Tu ne dis pas ça
pour me faire plaisir, au moins ?
Le loup répond :
– Je t'assure que non !
Rassuré,
le petit lapin s'exclame :
– Bon, puisqu'il te plaît,
je te le laisse.
Et il disparaît
dans sa maison.

Le lendemain, le loup décide de rendre visite au lapin cuisinier.
– Toc, toc, toc, c'est moi le loup. Ouvre-moi, je viens te manger !
Le lapin lui ouvre la porte et il dit :
– Ah, tu arrives bien ! Tu vas venir goûter le velouté que je viens de préparer.
Je pense l'avoir parfaitement réussi.
Le loup voudrait répondre qu'il n'est pas venu pour cela,
mais le lapin ne lui en laisse pas le temps.
Il l'assoit de force devant la table de la cuisine
et il lui tend la soupière pleine de velouté.
Le loup sent bien qu'il ne serait pas poli de refuser,
alors il avale la soupière tout entière.
Et il se dit : « Tant pis, je mangerai le lapin une autre fois. »
Quand le loup a terminé, le petit lapin, inquiet, lui demande :
– Alors, qu'est-ce que tu en penses ?
Le loup se lèche les babines et il répond :
– D'habitude, je n'aime pas la soupe, mais là, je dois avouer que celle-ci est remarquable !
Au lieu de se réjouir, le lapin entre dans une colère noire. Et il se met à crier :
– Espèce de gros ignorant, ce n'est pas une soupe, c'est un VE-LOU-TÉ !
Le loup comprend qu'il a vexé le lapin et il préfère s'en aller.

Le lendemain, à midi, le loup revient chez le petit lapin.
Et le jour suivant aussi et tous les autres jours.
Et petit à petit, le loup aide le lapin. Un jour, à midi, quand le loup arrive chez le petit lapin, il le trouve tout penaud. Le loup demande :
– Alors, qu'est-ce qu'on mange aujourd'hui ?
Le petit lapin répond :
– Rien… ou alors, mange-moi si tu veux. De toute façon je ne suis qu'un nul !
Le loup demande : – Que se passe-t-il ?
Le lapin avoue tristement : – Hier, les chèvres m'ont dit que ma ratatouille ne valait pas un chou ! Je suis désespéré, je ne serai jamais le meilleur cuisinier de la forêt. S'il te plaît, loup, mange-moi !
Le loup, désolé, répond : – Si je ne te connaissais pas, je te mangerais avec plaisir… Mais maintenant que tu es mon ami, ce n'est plus possible.
Le petit lapin se fâche alors tout rouge et il hurle :
– Si je ne peux même pas compter sur toi, va-t'en et ne reviens jamais !
Mais le loup s'énerve à son tour : – Comment ça, ta ratatouille était ratée ? C'est tout simplement impossible, les chèvres se sont trompées !
Il attrape une casserole et il s'écrie :
– À nous deux, on va leur montrer que tu es le meilleur cuisinier de la forêt. Non, mais !

La verdiole de la peur

Texte : Anne Leviel • Illustrations : Frédéric Stehr

Trois moutons et leurs parents habitent au bord d'un bois profond.
Ce joli bois est interdit. Mais par un joli mercredi, Grand Frère Mouton dit :
– Allons au bois !
Et c'est parti. Ah, que ça sent bon sous les arbres ! Ils jouent, ils ne voient pas le temps qui passe. Il fait bientôt nuit…
Soudain, Petit Mouton pousse un cri : dans le feuillage, UN BRUIT !
Un craquement ! Et si c'était… le loup ? Mais oui, c'est sûr, C'EST LUI !
Vite, les trois moutons s'enfuient !
Ils courent, ils courent… Ouf, les voilà rentrés ! Les parents sont affolés : leurs enfants, d'un si joli blanc, ont eu si peur qu'ils sont devenus verts, verts de peur, de la tête aux pieds, plus verts que l'herbe du pré ! On a beau les frotter, les trois moutons restent aussi verts que des cornichons. Les parents sont très inquiets :
– Vite, allons voir Dame-Sorcière-aux-dents-de-lapin, elle nous dira ce qu'il faut faire.

De sa voix qui gratte et qui pique, Dame-Sorcière explique :
– C'est la verdiole de la peur. Aucun sirop, aucun suppo n'a jamais guéri cette maladie. Il faut une potion spéciale, qui se fabrique avec… trois poils de loup ! Et ce sont les petits moutons qui doivent tirer les poils du loup. Sinon, ça ne marche pas du tout.
Maman Mouton gémit : – Oh, non !
Mais Grand Frère Mouton a une idée :
– Quand on était bébés moutons, tu nous chantais une chanson qui disait « Dodo, l'enfant Do… » C'était tellement doux qu'on devenait tout mous. Et si on faisait la même chose avec le loup ?

Le soir, les trois moutons verts partent en tremblant dans le bois… Ils se cachent dans les buissons. Tout bas, ils répètent les paroles qu'ils ont inventées avec Maman Mouton. Soudain… LE LOUP ARRIVE ! Les moutons se mettent à chanter, sur l'air de « Dodo, l'enfant Do » :

Doux, Doux, Grand Loup Doux,
Niche-toi dans les fougères,
Doux, Doux, Grand Loup Doux,
Ça te fait un lit tout doux.

Dors, Dors, Grand Loup Dors,
La nuit éteint les lumières,
Dors, Dors, Grand Loup Dors,
Toute la forêt s'endort.

Le loup est tellement fatigué d'avoir couru et chassé, que la chanson le rend tout mou. Il s'allonge, les yeux fermés, les pieds écartés, il se laisse bercer. Le sommeil tombe sur le grand loup. Alors, tout doucement, les trois moutons s'approchent.
Dans son sommeil, le loup sourit. Il a l'air presque gentil ! Mais il faut continuer à chanter, tout doux pour ne pas le réveiller. Grand Mouton donne le signal du « tire-poil ». Et TIC ! Chaque mouton attrape un joli poil bien long.
Le loup n'est même pas réveillé ! Sans s'arrêter de chanter, les moutons commencent à s'éloigner… doucement, à pas de loup !
Et les voilà rentrés ! Quelle fête ! Ils sont tout fiers de leur cueillette. L'un prend de l'eau à la rivière, le deuxième sort une grande cuillère. Maman prépare la marmite, et le petit jette les poils magiques ! La potion a un drôle de goût, mais les moutons la boivent d'un coup. Et leur laine change de couleur. Disparu, le vert de la peur !

Dame-Sorcière avait raison. La potion aux poils de courage, c'est vraiment le médicament qui guérit les frères et les sœurs de la verdiole de la peur !

Le loup est fatigué

Texte : Bertrand Fichou • Illustrations : Kost Lavro

Le grand méchant loup est fatigué. Mais alors fatigué ! Il gémit :
– J'en ai assez, dans toutes les histoires, c'est toujours pareil :
qui doit courir pour attraper les trois petits cochons ? C'est moi.
Qui doit se déguiser en grand-mère pour tromper le Petit Chaperon rouge ?
C'est encore moi. Qui doit se battre toute la nuit avec la chèvre de Monsieur Seguin ?
C'est toujours moi, je n'en peux plus !
Alors le grand méchant loup a une idée.
Il taille son crayon entre ses crocs et il commence à écrire une lettre :

Cher Petit Chaperon rouge,
peux-tu venir chez moi lundi,
j'ai quelque chose d'important à te dire.
Signé : le grand méchant loup.

et puis il ajoute en bas de la page :

Promis, ce n'est pas un piège.

Il écrit la même lettre aux trois petits cochons et à Blanchette,
la chèvre de Monsieur Seguin.

Le lundi, le grand méchant loup tourne en rond sur le tapis quand
— toc toc toc ! — quelqu'un frappe à la porte. Vite, le grand méchant loup
se recoiffe d'un coup de griffe, il se râcle la gorge — ahmm — il fait son plus beau sourire,
qui ressemble plutôt à une grimace, et il ouvre la porte en criant :
– Bonjour ! Entrez, mes amis...
Tout le monde est là. Le Petit Chaperon rouge, les trois petits cochons et Blanchette.
Ils ne sont pas très rassurés. Le grand méchant loup prend la parole :
– Chers amis, je dois vous dire quelque chose : j'en ai assez.
Dans toutes les histoires, c'est toujours moi le méchant.
– Ben oui, c'est normal, dit le Petit Chaperon rouge, tu veux toujours nous manger !
Le loup répond :
– Ce n'est pas parce que je suis méchant, c'est parce que j'ai faim !
Faites-moi autre chose à manger, et je ne vous embêterai plus.
« Tiens, ce n'est pas une mauvaise idée, se disent les invités du loup,
on n'y avait jamais pensé. »
Le lendemain, ils reviennent avec des paniers pleins.
Le Petit Chaperon rouge offre au loup une galette et un petit pot de beurre.
« Berk ! pense le loup, c'est trop gras ! »
Les trois petits cochons lui servent une assiette de glands.
« Pouah ! pense le loup, c'est trop dur ! »
Blanchette lui donne un beau chou.
« Heurk ! pense le loup, c'est à vomir ! »
Parlez-moi plutôt d'un bon petit rôti, d'un barbecue ou de brochettes !

Les invités du loup s'aperçoivent alors
qu'il commence à faire ses grands yeux,
et même qu'il se lèche les babines...
Hou là là, il est temps de filer !
Pfffuit ! En une seconde,
le Petit Chaperon rouge,
les trois petits cochons et Blanchette
ont disparu dans la forêt.
Le grand méchant loup se dit que,
finalement, un peu d'exercice
lui fera le plus grand bien.
Et il met ses chaussures de sport
en sifflotant sa chanson préférée :

Promenons-nous
dans les bois,
pendant que le loup
n'y est pas...

La sorcière du parc

Texte : Marie-Hélène Delval • Illustrations : Emilio Urberuaga

Justine aime beaucoup aller au parc avec sa maman.
Mais quand Justine est au parc, c'est tous les soirs la même histoire : à l'heure de rentrer à la maison, Justine NE VEUT PAS sortir du bac à sable.
Chaque soir, sa maman crie :
– Justine, je m'en vais ! Tant pis pour toi ! La sorcière du parc t'emportera !
Bien sûr, sa maman ne s'en va jamais. Elle fait juste semblant.
Puis elle revient. Ça laisse à Justine le temps de faire un dernier pâté.
Mais, ce soir-là, il faut croire que sa maman en a vraiment assez, car elle s'en va, et… elle ne revient pas ! D'abord, Justine ne s'inquiète pas. Elle fait un pâté, puis deux, puis trois. Puis, tout d'un coup, elle s'aperçoit qu'elle est toute seule. Plus d'enfants dans le bac à sable ! Plus de mamans dans le parc !
Justine est un peu embêtée. Oh, juste un peu.
Elle est sûre que sa maman va revenir.
D'ailleurs, la voilà ! Justine court vers elle. Mais… mais sa maman ne peut pas avoir ces petits yeux méchants, ni ce chapeau pointu sur la tête ni cette bouche pleine de colère ! Oh ! là là ! Ce n'est pas sa maman ! C'est la sorcière du parc !

Justine entend la voix de la sorcière qui gronde :
– Eh bien, petite fille, on veut rester au parc toute la nuit ?
Justine n'ose plus lever les yeux.
Alors elle remarque quelque chose de très bizarre :
les chaussures de la sorcière, on dirait exactement…
les chaussures de sa maman !
Oh ! là là ! C'est terrible ! La sorcière a jeté un sort
à la maman de Justine ! Elle l'a transformée en n'importe quoi,
en crabe, en limace, en canard à tête de rat !
Et pour prendre sa place, elle lui a volé ses chaussures !
La sorcière tend vers Justine ses vilains doigts crochus.
Justine recule d'un pas et elle cache ses mains derrière son dos.
Elle ne donnera pas la main à cette méchante sorcière-là.
Certainement pas ! Si elle lui donnait la main, ce serait terrible…
La sorcière l'emporterait dans sa cabane !
Elle lui ferait prendre un bain dans une bassine d'asticots,
elle lui ferait manger une soupe au pipi d'escargot,
elle la coucherait dans un lit avec une couverture d'orties.
Quelle horreur !

La sorcière s'impatiente. Elle gronde :
– Eh bien, tu viens ?
Et le vent de la nuit, qui secoue les arbres
du parc, siffle aux oreilles de Justine :
« Viens, viens, viens… »
Justine est terrifiée. Elle ferme les yeux.
Elle sent la main de la sorcière
qui se referme sur son bras. Elle crie :
– Non ! Non ! Laisse-moi !
Alors Justine entend un gros soupir
et une voix qui dit doucement :
– Enfin, Justine, tu vas venir ?
Justine ouvre les yeux. Sa maman est là,
qui la regarde d'un drôle d'air,
pas un air en colère, plutôt un air fatigué.
En tout cas, la sorcière a disparu.
Justine prend la main
de sa maman, et, toutes les deux,
elles rentrent à la maison.
Ce soir, Justine prendra un bain
avec de la mousse qui sent bon ;
elle mangera de la purée au jambon.
Puis elle s'endormira
sous sa couette à fleurs,
comme tous les autres soirs.
Justine regarde sa maman en coin,
et elle dit : – Tu vois, tes chaussures,
et bien, la sorcière du parc,
elle a les mêmes, exactement !
– Ah oui ? dit sa maman.
Comment tu le sais ?
– Oh, dit Justine, je l'ai vue passer.
Mais c'est fini, elle est partie.
Et je crois bien qu'elle ne reviendra jamais !

La sorcière qui n'aimait pas les enfants

Texte : Isabelle Doussin-Paul • Illustrations : Piotr Sacha

Il était une fois une sorcière qui s'appelait Vomita.
Dans sa maison, au fond des bois, elle s'occupait de ses potions.
Du matin au soir, dans son chaudron, ça glougloutait, ça bouillonnait... et ça sentait mauvais dans toute la forêt !
Un jour, son amie Pestouille arriva sur son vieux balai. Elle dit :
– Demain, je vais à Honolulu faire le concours de miss Mocheté, et la nounou de mon fils Postillon est malade ! Peux-tu le garder pendant quelques jours ?
Embêtée, Vomita se gratta la pointe de l'oreille et elle demanda :
– Pourquoi ne l'emmènes-tu pas ?
– Il est malade en balai, répondit Pestouille.

Vomita accepta parce que Pestouille était son amie. Mais, en fait, elle n'aimait pas les enfants. Ce ne sont pas encore de vrais sorciers, ça pousse des cris, c'est compliqué ! Et elle, elle aimait sa vie calme, dans sa maison, au fond des bois !
Le lendemain, Pestouille emmena Postillon chez Vomita.
Il hurla quand sa maman s'en alla.
Vomita offrit à Postillon des gâteaux à la crotte de rat... mais il les vomit !
Vomita offrit à Postillon de la purée de cafard... mais il la cracha !
La sorcière, en colère, s'écria :
– Tu n'es qu'un têtard braillard ! Plus tard, tu seras un prince charmant au lieu d'être un grand sorcier !
– Oui-i-n-n ! Postillon se mit à hurler.
Alors, Vomita s'enfonça dans les oreilles des feuilles de pissenlits !
Mais Postillon criait, il pleurait...

Vomita ne savait plus quoi faire pour le calmer.
Alors, elle lui raconta des histoires où d'horribles dragons mangeaient des princesses, et d'affreux monstres mordaient les pieds des enfants !
Finalement, Postillon s'endormit en tenant les cheveux verts de Vomita.
Quand Postillon se réveilla, Vomita l'emmena dans la forêt.
Il fallait trouver à manger !
Et quelque chose de bon pour ce bébé grognon !
Vomita prépara de la bouillie de pétales de roses.
Ça sentait tellement horriblement bon
que Vomita dut se boucher le nez pour la préparer.
Bientôt, on entendit, dans la maison au fond des bois,
des « Agouzigouzi ! Une cuillerée pour Tatie !
Agouzigouza ! Une cuillerée pour Vomita ! »
Postillon dévora toute la bouillie !
Du matin au soir, Vomita s'occupait de Postillon.
Dans son chaudron, ça glougloutait, ça bouillonnait...
et ça sentait bon dans toute la forêt !
De temps en temps, Vomita demandait à Postillon :
– Tu es sûr que tu ne veux pas goûter à mon gratin de limaces ?
– Beurk ! répondait Postillon en jetant la cuillère.

Vomita ne désespérait pas de faire goûter à Postillon ses horribles plats...
Mais un après-midi, Pestouille arriva sur un balai qui clignotait de mille étoiles.
Elle avait gagné le prix de miss Mocheté !
Pestouille prit son fils, elle remercia Vomita et elle partit...
Après le départ de Postillon, Vomita resta assise, sans rien faire.
Du matin au soir, elle s'ennuyait !
Elle se sentait seule, dans sa maison, tout au fond des bois...
La sorcière qui n'aimait pas les enfants s'était prise d'affection pour Postillon !

Et puis, un matin, Pestouille entra, gênée, avec son bébé dans les bras :
– Peux-tu encore me rendre un service ?
Euh... J'ai un concours sur la lune et je n'ai plus de nourrice !
Vomita serra Postillon dans ses bras.
Des larmes de joie coulèrent sur son nez crochu.
Elle était devenue, pour de bon, la nounou de Postillon !

L'Ogre-Énorme-Des-Bois
et les trois oursons

Texte : Marie Tenaille • Illustrations : Daniela Kulot-Frisch

Ce matin-là, Mam'Ours demande :
– Petits oursons, petits oursons, qui est le plus courageux de vous trois ?
– Moi ! répond Micha, le plus grand des trois.
Je n'ai peur ni du noir, ni du renard, ni du loup, ni de l'ogre !
– Alors, dit Mam'Ours, rapporte-nous de bons champignons pour ce soir !

Micha part en balançant son panier. À peine entré dans la forêt,
il voit venir à grands pas l'Ogre-Énorme-Des-Bois ! L'ogre grogne et gronde :
– Ourson vantard, n'entre pas chez moi !
Micha répond, tout tremblant :
– Mam'Ours m'envoie chercher des champignons !
Mais l'ogre se met à hurler :
– Je mange les champignons et je dévore les oursons ! ET J'AI FAIM !

Micha court, court, épouvanté. Il arrive tout essoufflé chez Mam'Ours pour lui raconter qu'il a rencontré L'Ogre-Énorme-Des-Bois, grand comme une montagne, qui grogne, qui gronde, qui mange les champignons et dévore les oursons !
– Moi, se vante Patoche, l'ourson moyen, je n'ai peur de rien, ni du noir, ni du renard, ni du loup, ni de l'ogre !
– Alors, dit Mam'Ours, rapporte-nous de bons champignons pour ce soir !
Patoche part en balançant son panier. Déjà il voit l'Ogre-Énorme-Des-Bois.
L'ogre gronde et il grogne :
– Ourson vantard, n'entre pas chez moi !
Patoche répond, tout tremblant :
– Mam'Ours m'envoie chercher des champignons !
L'ogre se met à hurler :
– Je mange les champignons et je dévore les oursons ! ET J'AI FAIM !

Patoche, épouvanté, revient raconter qu'il a vu l'Ogre-Énorme-Des-Bois, grand comme deux montagnes, qui mange les champignons et dévore les oursons…
– Moi, dit Roudoudou, le plus petit ourson, j'ai peur de tout : du noir, du renard, du loup et de l'ogre ! Mais je vais essayer de rapporter mon panier plein !

Roudoudou part sans balancer son panier, car il a mis quelque chose dedans.
Déjà l'ourson voit venir à grands pas l'Ogre-Énorme-des-Bois.
L'ogre grogne, l'ogre gronde :
– Petit bêta, n'entre pas chez moi !
– Mam'Ours m'envoie te porter ce gros pot de miel, dit l'ourson tout effaré.
L'ogre se met à hurler :
– J'ai grand faim, je vais goûter ce miel avant de te manger !
Hmmm ! Le bon miel que voilà !
– Doucement, doucement, tu vas t'étouffer ! dit l'ourson
qui cueille vite des champignons et en remplit son panier.
– Miam, miam ! fait l'ogre.

MIEL

Pendant ce temps, l'ourson court, court retrouver sa maman.
Quand il arrive, elle l'embrasse très fort.
Le petit ourson déclare à ses frères :
– L'ogre est grand comme trois montagnes !
Mais moi, j'ai rapporté mon panier plein !
– Il y a des champignons pour ce soir,
dit Mam'Ours, mais pas de miel pour le dessert.
– Pourquoi ? Pourquoi ?
s'étonnent Patoche et Micha,
qui n'ont rien compris du tout !

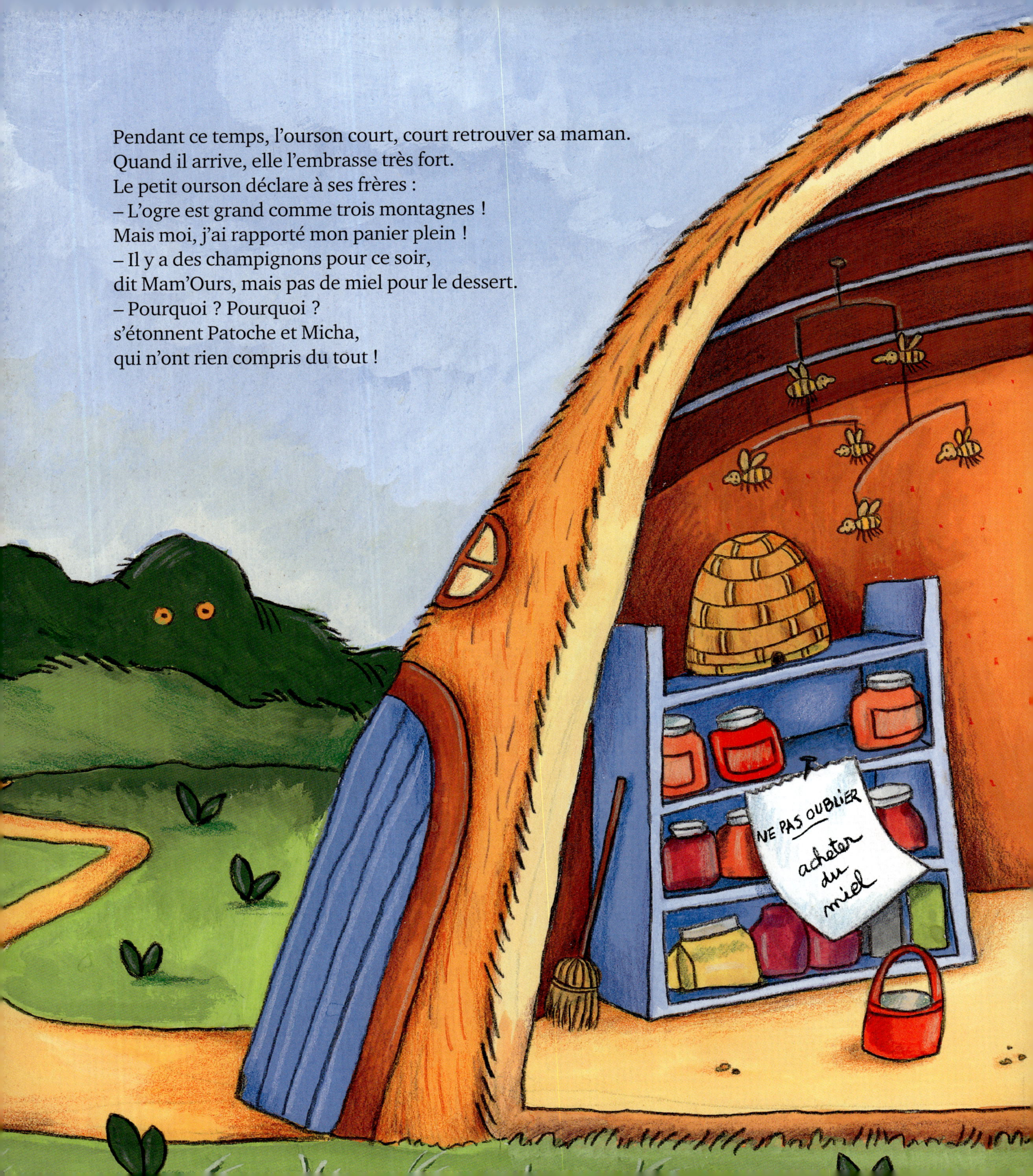

Chloé, l'apprentie sorcière

Texte : Odile Lestrohan • Illustrations : Emilio Urberuaga

Chloé veut apprendre le métier de sorcière.
Alors, tous les mercredis, elle va prendre une leçon chez la sorcière, sa voisine.
Ce mercredi-là, la sorcière a décidé de montrer à Chloé comment trouver de drôles de produits qu'on ne peut pas acheter au supermarché...
Elles suivent un petit sentier qui s'éloigne du village et elles s'approchent bientôt d'une maison abandonnée.
Le vent fait grincer la porte :
« Hinhinhinhinhin. » La sorcière s'exclame :
– Voilà exactement ce qu'il me faut : un grincement bien effrayant !
Regarde, Chloé, pour cueillir un bruit, il faut le saisir très délicatement, et puis, hop, on le met dans le sac.
Dans la mare, près de la maison, des crapauds coassent. La sorcière approche sa main.
Elle dit à Chloé :
– La bave de crapaud est un ingrédient indispensable pour une recette vraiment dégoûtante.
Elle demande ensuite à Chloé :
– Sens-tu cette affreuse odeur de feuilles pourries ?
Chloé fait :
– Beurk ! tandis que la sorcière attrape l'odeur et la met dans son sac.

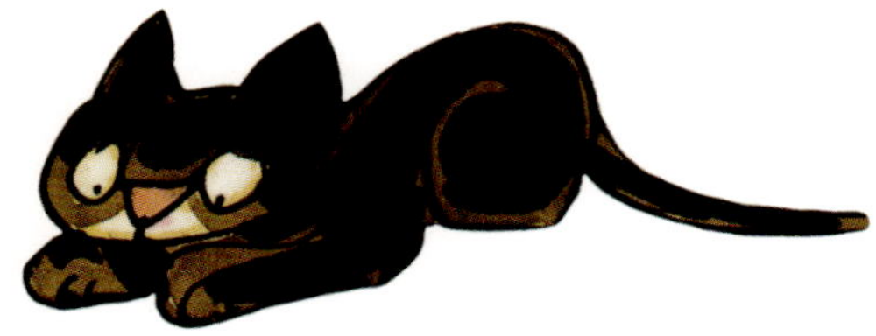

De retour à la maison, la sorcière vide
son sac dans le chaudron et elle allume
le feu dans la cheminée.
Elle remue longtemps sa préparation
puis elle la verse dans un flacon
et elle écrit dessus : « Grosse frayeur ».
Elle explique à Chloé qu'il suffit d'avaler
une gorgée de cette potion pour faire
de terribles cauchemars.
La sorcière pose ensuite le flacon
sur l'étagère, à côté d'autres pots.

Le mercredi suivant, la sorcière est malade.
Couchée dans son lit, elle gémit.
Elle demande à Chloé de sa voix faible :
– Apporte-moi un remède.
Chloé se met à fouiller les armoires,
les étagères, les tiroirs, mais il n'y a pas
un seul médicament. Elle regarde les pots,
les flacons, les bocaux...
Ils portent tous des étiquettes
sur lesquelles on lit des noms effrayants :
« Épouvante », « Terreur », « Frissons »...
Elle ouvre aussi le cahier de la sorcière
mais elle n'y trouve que des recettes
pour faire peur.
Alors Chloé va chercher le sac de la sorcière
et elle sort de la maison.

JAZ
F

Dehors, elle cherche le plus doux
des rayons de soleil
et elle le ramasse précieusement.
En marchant sur le trottoir,
devant la maison du pianiste,
Chloé cueille un air de musique,
vif et gai, qui sort par la fenêtre.
Quand elle passe près de la boutique
d'un marchand de fruits, elle attrape
une délicieuse odeur de bananes.

Chloé revient chez la sorcière,
elle vide son sac dans le chaudron
et elle allume le feu dans la cheminée.
Elle remue longtemps sa préparation,
elle la verse dans un flacon
et elle écrit dessus : « Petite douceur ».
Puis Chloé fait boire à la sorcière
quelques cuillerées de sa potion.
La sorcière est tout de suite guérie !
Alors, elle s'écrie :
– Dis donc, Chloé,
j'ai l'impression que tu apprends vite.
Si tu me donnes la recette de ta merveilleuse
potion, promis, mercredi prochain,
je te donne ta première leçon de vol en balai !

Tristan et les dragons

Texte : Bertrand Fichou • Illustrations : Benoît Debecker

Tristan habite avec son père
au château de Haute-Muraille,
dans un pays infesté de dragons.
Le papa de Tristan est d'ailleurs
chasseur de dragons.
Son nom, c'est Godefroy de la Fesse Grillée.
Tristan a de la peine,
car il ne voit pas beaucoup son papa.
Godefroy de la Fesse Grillée travaille trop !
Chaque matin, il avale son café
en mâchouillant une biscotte,
puis il part au grand galop
se bagarrer avec un ou deux dragons
imprudents. Godefroy de la Fesse Grillée
rentre tard, les pieds tout crottés,
et, quand Tristan lui demande
s'il veut bien jouer avec lui,
il répond d'un air épuisé :
– Désolé, mon cher fils, pas ce soir,
je suis trop fatigué pour jouer.
Afin de se faire pardonner,
Godefroy a offert à Tristan
de grands soldats de bois
pour qu'il joue tranquillement
pendant que lui, le papa fatigué,
s'affale en ronflant dans le canapé.

Ce matin-là, Godefroy de la Fesse Grillée
est parti chasser au loin.
Profitant de l'occasion,
une bande de dragons poilus
décide d'attaquer le château :
– Ha ! Ha ! Ha ! Godefroy n'est pas là,
ricanent-ils en grattant leurs boutons,
c'est le moment ou jamais de faire
le bazar chez ce cornichon !

Tristan voit arriver les dragons
tout boiteux, tout baveux.
Il faut les arrêter, mais comment ?
Les horribles bêtes approchent
en crachant du feu !
Alors, Tristan a une idée.
Vite, il court jusqu'à sa chambre,
il prend deux soldats de bois
et grimpe les poser debout
sur le haut des murailles.
Puis il retourne dans sa chambre,
il transporte deux autres soldats,
et ainsi de suite...
Il a du mal, les soldats sont lourds,
mais pas question de se reposer
avant de les avoir tous alignés
comme si c'étaient des vrais.
Soudain, les dragons lèvent le nez,
et qu'est-ce qu'ils voient ?
Là-haut, sur les remparts,
une armée entière
qui les attend sans bouger !
– Sauve qui peut !
s'écrient les affreux dragons
en s'enfuyant.
Ouf, le château est sauvé !

Quand Godefroy de la Fesse Grillée rentre au château, le soleil est déjà couché. Le chevalier comprend que Tristan, son fils bien-aimé, a fait fuir tout seul une vilaine bande de dragons.

– Mon fils, tu es digne de ton père, dit-il à Tristan. Pour te remercier d'avoir sauvé le château, je veux bien ce soir avec toi jouer aux soldats de bois.

– Désolé, mon cher père, lui répond Tristan, pas ce soir, je suis trop fatigué pour jouer. Et il s'affale en ronflant dans le canapé.

– Sacré garnement ! murmure Godefroy devant son fils endormi. Puisque c'est comme ça, demain, je rentrerai tôt, et nous jouerons dans tout le château.

Et c'est ce qu'il fit. Depuis, tous les soirs, Tristan et son papa chassent des dragons en peluche avec leurs soldats de bois. Comme pour de vrai !

Le roi, le prince et les animaux

Texte : Stéphanie Janicot • Illustrations : Gaëtan Evrard

Dans un vieux vieux château, au cœur d'une épaisse forêt, vivait le roi Léonin.
Son épouse, la reine, était morte en lui laissant un fils, le prince Léo. Le roi aimait son fils, mais il ne connaissait rien aux enfants, alors il ne s'en occupait pas beaucoup.
Car ce que le roi Léonin préférait, c'était la chasse. Chaque jour, il partait avec ses chiens son cheval et son grand fusil. Et il rentrait à la nuit tombée, lorsque les sacs débordaient de gibier.
Lapins, lièvres, biches, renards, sangliers, rien n'échappait au terrible roi Léonin.
Partout sur son passage, les buissons étaient piétinés, les fleurs et les baies étaient dévastées.
Mais qui allait pouvoir l'arrêter ?

La fée de la forêt s'inquiétait, quand enfin, elle eut une idée.
Une nuit, dans le château, elle enleva le prince Léo.
Et sur le petit lit du prince, elle laissa une lettre pour le roi :

Cher roi, c'est moi qui ai capturé votre fils.
Je l'ai transformé en animal pour lui apprendre la vie de la forêt.
Je vous le rendrai dans un an, si vous ne l'avez pas tué avant au cours de vos parties de chasse.

Quand le roi Léonin eut fini de lire la lettre, il s'effondra sur son trône, et il se dit : « Ah, mon petit prince, mon fils, où es-tu maintenant ? »
Le jour même, le roi décida d'interdire la chasse dans tout le royaume, pendant un an.
Puis le roi Léonin sortit dans la forêt dans l'espoir de retrouver son fils.
Il rencontra un grand cerf :
– Cerf, mon ami, roi de la forêt, ne serais-tu pas mon fils Léo ?
Le cerf répondit :
– Je ne suis pas ton fils Léo, et je ne suis pas ton ami.
Tu as tué mes deux faons et leur mère.
Le roi s'écria :
– Je suis désolé, Cerf, je te le jure.

Le lendemain, le roi Léonin rencontra un petit lapin, dans la forêt.
Il lui tendit la main en demandant : – Lapin, mon ami, ne serais-tu pas mon fils Léo ?
Le lapin secoua la tête et il répondit :
– Je ne suis pas ton fils Léo, et je ne suis pas ton ami. C'est toi qui as tué ma mère.
Le roi dit : – Je suis désolé, Lapin, je te le jure.
Ainsi, le roi Léonin alla chaque jour dans la forêt.
Il rencontra des lièvres, des biches, des renards, des sangliers...
Et chaque fois, il se disait : « Comment ai-je pu faire tant de mal ? »

Une année passa...
Un matin, alors que le roi était seul dans la salle du trône, la porte s'ouvrit et le prince Léo entra. Il avait grandi. Il était fort et souriant. Le roi Léonin se leva pour aller serrer son fils dans ses bras. Il lui dit :
– J'ai fouillé toute la forêt. Mais quel animal étais-tu donc ?
Le prince Léo répondit :
– Mon père, je n'étais pas un animal, je suis resté un an chez la fée.
Elle m'a fait découvrir les plantes, les animaux, la forêt.
Le roi Léonin s'écria :
– Mon fils, tu m'as tellement manqué... Viens dans mes bras !
Moi aussi, j'ai compris beaucoup de choses, tu verras !

La princesse cachée

Texte : Évelyne Reberg • Illustrations : Benoît Debecker

Il était une princesse si belle
que tous les princes rêvaient de l'épouser.
Hélas, le roi son père
ne voulait pas que sa fille se marie.
Un jour, la princesse se révolta :
– Mon père, je me marierai,
que vous le vouliez ou non !
Le roi lui répondit avec un sourire :
– Eh bien d'accord ! Mais j'exige que tu épouses
un homme très malin. Je vais donc te cacher
au cœur du palais. Pour t'épouser,
il faudra d'abord réussir à te trouver !
Attention, chaque prétendant n'aura
qu'un seul jour pour te chercher.
S'il ne réussit pas, il sera jeté au cachot.
Et le roi cacha sa fille comme il l'avait dit.
En apprenant le sort qui les attendait,
bien des princes hésitèrent à se rendre au palais.
Non loin de là, un seigneur avait trois fils.
L'aîné se vantait d'être très courageux,
il courut chez le roi en disant :
– Je serai le premier à trouver la princesse !
Il se faufila dans le palais, et depuis la cave
jusqu'au grenier, il sillonna mille couloirs,
sans trouver la jeune fille.
Le soir venu, il fut jeté au cachot !

Le second fils, lui, se vantait d'avoir
de très bons yeux. Il tenta sa chance à son tour.
Mais il eut beau fouiller dans les moindres
recoins, ouvrir mille portes — pauvre prince ! —
il finit au cachot lui aussi.
Le seigneur supplia son dernier fils de rester
auprès de lui. Mais en vain !
Le jeune prince chercha une ruse
et quand il l'eut trouvée, il partit à son tour.
Il ne se rendit pas tout de suite au palais,
non, non. D'abord il se déguisa en ours.
Puis il demanda à son serviteur de se déguiser
en saltimbanque et de le tenir en laisse.
Ainsi déguisé, il pensait pouvoir s'introduire
dans le palais.
Quand l'ours et le saltimbanque arrivèrent
au palais, bien entendu, les gardes refusèrent
de les laisser entrer.
Alors le saltimbanque donna un accordéon
à l'ours. Et l'ours se mit à jouer faux
tout en dansant d'une patte sur l'autre,
tant et si bien que tout le monde rit.
Bientôt le roi accourut.
– Ah, s'écria-t-il, vous tombez bien !
Ma fille s'ennuie un peu,
j'espère que ce spectacle l'amusera.
Et le roi guida l'ours et le saltimbanque
au cœur du palais, à travers les milliers
de couloirs. Le prince avait eu l'idée de mettre
un peu de farine sous les pattes de son
costume d'ours. Alors, partout où il passait,
il laissait de petites traces blanches sur le sol.
Arrivé devant un grand tableau,
le roi appuya sur un coin de ce tableau
et alors… une porte secrète s'ouvrit.
Le prince avait vu l'endroit où il fallait appuyer
pour que la porte s'ouvre…
La princesse était là !

Le roi dit : – Amuse-toi, ma fille, et quand tu seras lasse du spectacle, appelle-moi par le soupirail.
Et le roi s'en alla. Resté seul avec la princesse, l'ours lui murmura :
– Je ne suis pas un ours, je suis un prince. Et je viens vous délivrer.
La princesse applaudit, elle était tellement heureuse !
Elle fit promettre au prince de revenir bientôt la chercher, puis elle appela par le soupirail. On reconduisit alors l'ours et son maître hors du palais. Aussitôt dehors, le prince jeta son déguisement et il revint chez le roi vêtu en prince.
– Je voudrais tenter ma chance ! dit-il.
Le roi s'esclaffa :
– Pauvre jeune homme, essaie toujours, mais je t'avertis : la princesse est fort bien cachée. C'est le cachot qui t'attend !
Le prince pénétra quand même dans le palais. Il n'eut qu'à suivre ses traces de pas sur le sol, il n'eut qu'à se souvenir du tableau et à appuyer au bon endroit pour que la porte secrète s'ouvre. Il retrouva alors la princesse.
Quand le roi vit soudain le jeune homme au bras de la princesse, il faillit s'évanouir de rage. Mais il fut bien obligé de tenir sa promesse.

Les noces de la princesse et de son prince furent magnifiques !
Les prisonniers délivrés dansèrent avec joie toute la nuit.

Le Badamecrac

Texte : Florence Langlois • Illustrations : Gitte Spee

Caché entre les montagnes, se trouve un grand château très beau, plein de tours rondes et carrées. Tout le monde vit heureux dans ce beau château.
Éloi est le roi ! Enfin... pas tout à fait, car le vrai roi... c'est son papa.

Un jour, Éloi sera roi. Alors, en attendant, Éloi apprend à lire, à réfléchir, à dessiner, à faire la glace à la fraise, et à être courageux, pour être un bon roi, plus tard.

La seule chose qui fait peur à Éloi, à son papa,
et à tout le monde au château, c'est le Grand Badamecrac des montagnes !
Quand il fait froid pendant de longs mois, en hiver,
le Grand Badamecrac sort de sa caverne.
Il a faim, il s'approche du beau château... et il en croque des morceaux !
Oui, oui, oui, des morceaux de château !
Ce jour-là, quand Éloi rentre de l'école, son papa roi est soucieux.
Éloi devine pourquoi... Le Grand Badamecrac arrive !
Éloi n'est pas rassuré. Il écoute... Tout le monde écoute...
On entend « badame, badame » à chaque pas,
et puis soudain, un gros « CRAC » ! Ça y est, il est là, assis, presque SUR le château.
Et puis on entend un petit « croc cric » de toit qu'on grignote,
et un gros « crac croc » de tour qu'on croque ! C'est terrible !
Sur les idées de ses conseillers, le papa d'Éloi va parler au Grand Badamecrac.
Mais ça ne sert à rien. Le Grand Badamecrac n'écoute pas, il a trop faim.

Le papa d'Éloi ordonne d'attaquer le Grand Badamecrac
avec des flèches, des pierres et des morceaux de bois.
Mais ça ne sert à rien. Le Grand Badamecrac mange aussi les flèches,
les pierres et les morceaux de bois.

Le papa d'Éloi fait construire des tours très très solides.
Mais ça ne sert à rien. Les dents du Grand Badamecrac
sont encore plus solides que les tours très solides !

Alors Éloi, son papa roi, les conseillers, tout le monde attend juste que le Grand Badamecrac ait fini. C'est alors qu'Éloi a une idée :
– Puisque le Grand Badamecrac a très faim, donnons-lui quelque chose d'autre à manger.
– Mais qu'est-ce que ça aime, un Grand Badamecrac ? demande le Roi.
– Moi, dit Éloi, je suis sûr qu'il aime beaucoup... les glaces à la fraise !
Le papa d'Éloi et ses conseillers n'y croient pas :
– Ça ne marchera jamais !
Mais comme personne n'a de meilleure idée, tout le monde se met au travail, même Éloi et son papa roi, pour faire des grandes, des immenses glaces à la fraise, avec des bâtons en bois pour bien les tenir.

Quand le Grand Badamecrac voit toutes ces drôles de choses roses, plantées dans la neige, il veut y goûter. À la première bouchée, il ferme les yeux tellement c'est bon... et puis il les mange toutes !
Alors Éloi, qui n'est pas encore roi, monte dans une tour du château — une tour que le Grand Badamecrac n'a pas mangée bien sûr — et il lui dit :
– Si tu ne manges plus les tours du château, nous te ferons encore des glaces à la fraise. Des tonnes de glaces à la fraise !
– C'est d'accord, répond le Grand Badamecrac, la glace à la fraise, c'est bien meilleur que les tours de château !
Puis, comme il n'a plus faim, le Grand Badamecrac s'en va.
Alors Éloi lui crie d'en haut de la tour :
– Quand tu reviendras, on fera des glaces à la vanille, au chocolat, au caramel, au citron, à la pistache, à l'abricot...
Le Grand Badamecrac rit. Éloi sera sûrement un grand roi !

Les forteresses

Conte traditionnel adapté par Marine Gérald • Illustrations : Rémi Saillard

Il était une fois un roi très puissant qui avait deux fils, Éloi et Thibault.
Un jour, il leur dit :
– Je vais bientôt mourir. Il y a beaucoup d'ennemis dans le pays.
Mes enfants, je vous conseille de parcourir le royaume
et de bâtir des forteresses pour trouver un abri en cas de danger.
Obéissants, les deux fils partirent le lendemain, pour bâtir leurs forteresses.
Au premier croisement, ils se séparèrent et ils se donnèrent
rendez-vous dans un an.

Éloi, le fils aîné, se dirigea vers l'est.
Au bout de deux jours, il arriva dans un petit village.
Les villageois se préparaient à capturer une terrible bête
qui rôdait dans la région et qui mangeait tous les troupeaux.
Quand on lui demanda son aide, Éloi accepta.
Il se dit qu'il avait bien le temps pour bâtir des forteresses,
et l'idée de chasser une bête sauvage lui plaisait davantage.
La chasse dura un long mois.
Enfin, un jour, la bête fut attrapée. Éloi allait repartir
mais les villageois lui dirent :
– Pas question de partir avant d'avoir fait la fête avec nous !
Alors il ne se fit pas prier, et il resta encore quelques jours.
Puis vint le temps des moissons, et celui des vendanges…
on avait besoin de son aide. Alors il resta encore.
Si bien qu'au bout d'un an, il dut prendre la route du palais
sans avoir construit une seule forteresse !

Thibault, le fils cadet, partit vers l'ouest.
Il parcourut tout le pays à la recherche de l'endroit idéal
pour bâtir la plus belle des forteresses.
Il traversa de nombreux villages, en prenant à peine le temps
de s'arrêter pour acheter des outils ou des provisions.
Après plusieurs semaines de marche, il arriva dans une grande forêt.
Le lieu semblait lui convenir. Il parcourut la forêt de long en large
pendant toute une semaine, pour en connaître chaque recoin,
chaque piège, chaque bosquet.
Enfin, Thibault trouva l'endroit où il pourrait construire sa forteresse :
c'était une magnifique clairière, dissimulée derrière de grands chênes.
Là, il se mit à la recherche de bois, de pierres, de terre et d'eau.
Il choisit les meilleurs bois, les plus solides et les plus beaux.
Il tailla les pierres pour qu'elles soient lisses et sans défaut.
Il passa la terre au tamis afin qu'elle ne contienne plus aucun caillou.
Il travailla sans relâche, nuit et jour, pendant de longs mois.
Au bout d'un an, il s'arrêta enfin.
Sa forteresse s'élevait, au milieu de la forêt, aussi majestueuse que les arbres,
aussi belle que le plus grand des palais. Il prit encore le temps de façonner
une magnifique clé, qu'il tourna trois fois dans la serrure.
Thibault revint alors au palais, fatigué, mais heureux du travail accompli.

Hélas, entre-temps, le roi était mort.
Les ennemis ne tardèrent pas
à envahir le royaume.
Aussitôt, Thibault sauta sur son cheval
et il partit se réfugier dans sa forteresse.
Caché derrière ses grilles
et ses hauts murs, il pensait
qu'il ne craignait rien.
Mais les ennemis arrivèrent bientôt
au pied de la forteresse.
Ils l'assiégèrent pendant plusieurs jours.
Privé de nourriture et seul contre tous,
Thibault finit par se rendre.
Pendant ce temps,
Éloi ne savait pas où aller,
car il n'avait pas construit de forteresse.
Il partit donc vers le village
où il avait aidé à traquer la bête féroce.
Aussitôt, les villageois l'accueillirent,
et ils le cachèrent si bien
que jamais les ennemis ne le trouvèrent.
Ainsi, à l'abri de tout danger,
Éloi prépara un plan de bataille
pour affronter l'ennemi
et sauver son frère.
Et quand il prit la route,
tous ses amis se joignirent à lui.
Ils livrèrent bataille ensemble
pendant plusieurs jours.
Ils mirent les ennemis en fuite
et ils délivrèrent Thibault.
Ils firent alors une grande fête.

Ils avaient compris que l'amitié
était la plus belle des forteresses !

La chasse aux monstres

Conte traditionnel adapté par Nadira Aouadi • Illustrations : Javier Lobato

Dans un château, perché sur une paisible colline,
vivent un roi, une reine et leur petite princesse, Louise.
Dans ce château vivent aussi d'étranges créatures…

Dans la chambre de Louise, une sorcière habite sur l'étagère.
Alors, toutes les nuits, la princesse Louise
rejoint le roi et la reine dans leur lit.

Dans les toilettes, un ogre affreux, avec des couettes,
dévore des cacahouètes.
Alors, tous les matins, la princesse Louise
demande à la reine de lui tenir compagnie pendant le petit pipi.

Dans la salle de bains,
un vilain lutin se cache
dans le flacon de parfum.
Alors, pour se brosser
les dents, la princesse
Louise demande
toujours à son papa
de la prendre
dans ses bras.

Dans le long couloir,
un vieux fantôme souffle
dans un trombone.
Alors, tous les jours,
la princesse Louise allume
toutes les lumières.
Et elle traverse le couloir
en un éclair.

Mais, cette nuit, alors que la princesse Louise rejoint une fois encore le roi et la reine, dans leur lit, ils déclarent d'une même voix :

– Ça suffit ! on en a marre
d'être réveillés toutes les nuits !
La chasse aux monstres
est ouverte !
Mais la princesse Louise
est inquiète :
– J'ai peur que les monstres
ne soient pas d'accord
pour partir… dit-elle.
Alors la reine prend sa princesse
dans ses bras et elle lui dit
tout bas :
– Les monstres ne vont plus
t'ennuyer, c'est promis ma chérie.

La reine enfile ses souliers vernis, elle prend un accordéon et une couronne de fleurs.
Le roi remplit un panier de bonbons et de cacahouètes…
Et c'est parti pour la chasse aux monstres !
Le roi, la reine et la princesse Louise entrent dans la chambre. Il n'y a pas un bruit, la sorcière est sûrement cachée. La reine met les fleurs sur l'étagère car les sorcières en ont horreur. Le roi dispose les bonbons qui la mèneront jusqu'à la porte du jardin. Comme ça, pas de risque qu'elle se trompe de chemin !

La chasse aux monstres se poursuit dans les toilettes.
Le roi n'allume pas la lumière, pour ne pas réveiller l'ogre aux couettes.
Le roi sème des cacahouètes aromatisées à la poudre d'escampette.
– Quand l'ogre les goûtera… il disparaîtra ! Parole de roi !

La chasse aux monstres continue dans la salle de bains.
Le roi sort de son panier deux bonbons en forme de requin. Il les plonge dans le flacon.
– Quand le lutin verra ces requins dans le shampoing, il fera moins le malin ! déclare le roi.
– Et il rentrera au pays des lutins ! ajoute Louise d'un ton ravi.

Un peu plus tard, dans le couloir, la reine joue de l'accordéon en chantant une petite chanson :
« Monsieur le fantôme, écoutez cet air d'accordéon, il vous ramènera dans votre maison.
Suivez les notes de musique, elles sont magiques ! Au revoir, vilain fantôme ! »

Après le petit déjeuner, la princesse Louise
file vérifier
que les monstres ont bien disparu !
Dans le couloir tout noir…
Ouf ! Plus de trace du vieux fantôme !
Dans la salle de bains : plus de lutin !
Dans la chambre : plus de sorcière !
Puis, la princesse Louise fait une pause pipi.
« Ça alors, les cacahouètes sont toujours là :
l’ogre n’est pas encore venu les manger… »
Louise repense à l’ogre des toilettes…
Et vite, elle ramasse les cacahouètes…
« L’ogre, je veux qu’il reste, se dit-elle,
il est trop chouette avec ses couettes ! »

Le petit dragon

Texte : Stéphanie Lebeau-Raisson • Illustrations : François Roudot

Il était une fois Sulfo, un adorable petit dragon,
qui vivait avec son père, le roi Draco Ier, au pays des dragons.
Hélas, le prince Sulfo avait un gros souci… Il ne savait pas cracher de feu !
Et ne pas savoir cracher de feu, c'est très grave chez les dragons.
Quand Sulfo essayait de cracher du feu, il ne sortait de sa gueule que quelques étincelles.
Alors, tous les soirs, Sulfo se couchait en sanglotant :
Je ne serai jamais un grand dragon !
Un matin, son père, le roi Draco Ier, accueillit un visiteur très important :
le chevalier Albert.

Debout au milieu des conseillers dragons, le chevalier Albert faisait un discours. Il parlait en faisant de grands gestes. Il parlait, parlait, parlait, il n'en finissait pas de parler. Si bien que les conseillers dragons étaient obligés de se pincer pour garder les yeux ouverts. Soudain, ce fut la catastrophe : le roi Draco Ier, pourtant si poli, ne put s'empêcher de bâiller d'ennui. Et comme tout dragon qui bâille, le roi Draco Ier émit une flamme qui brûla les fesses du chevalier Albert.
Le chevalier Albert poussa un cri terrible.
Aussitôt le roi Draco Ier se précipita :
– Je suis vraiment désolé, je ne l'ai pas fait exprès. Ôtez vite votre armure pour tremper votre derrière meurtri dans une bassine de camomille.
Mais le chevalier Albert entra dans une colère terrible :
– Vous avez osé m'attaquer, moi ?! Puisque c'est ainsi, le peuple des chevaliers vous déclare la guerre ! Rendez-vous demain pour la bataille. Et le chevalier Albert partit.

Le lendemain matin, les dragons se mirent en route pour la bataille. Sulfo voulut se joindre à eux, mais le ministre Langue de Feu l'arrêta d'un ton méprisant :

– Pfff ! Tu ne sais même pas enflammer une botte de paille !

Alors Sulfo repartit tristement. Les dragons et les chevaliers s'affrontèrent sur une vaste plaine. Mais après dix minutes de bataille, ils préférèrent rentrer chez eux pour soigner leurs blessures !

Le roi Draco Ier proposa aux chevaliers de faire la paix.

Le chevalier Albert lui répondit aussitôt par courrier :

– Bien qu'il soit impardonnable qu'un dragon se soit permis de me rôtir les fesses, j'accepte de discuter. Mais attention, je ne veux voir aucune flamme !

Les dragons décidèrent donc d'envoyer le ministre Langue de Feu pour faire la paix.

Afin d'éviter tout bâillement, il se coucha dès huit heures du soir.

Le médecin lui examina les narines, pour être sûr qu'il ne soit pas enrhumé, car lorsque les dragons éternuent, ils lancent des flammes.

Et enfin, Langue de Feu partit. Quand il arriva devant la porte du château du chevalier Albert, il sentit une terrible odeur de poivre qui lui chatouillait les narines, comme si mille mouches bourdonnantes y étaient entrées.

Il ne put se retenir d'éternuer et il lança une flamme gigantesque.

Une voix retentit derrière la porte. « INTERDICTION ABSOLUE D'ENTRER ! »

Alors Langue de Feu rentra, la tête basse. Il expliqua en gémissant :

– Je n'ai pas pu entrer dans le château, une terrible odeur de poivre m'a fait éternuer.

À ce moment-là, le petit prince Sulfo s'avança :
– Je peux y aller, moi, puisque je ne lance pas de flamme.
Le ministre Langue de Feu répliqua :
– Certainement pas, tu es trop petit !
Mais le roi Draco Ier se mit en colère :
– Le petit prince Sulfo est le seul à pouvoir nous tirer d'affaire. Il ira donc.
Et Sulfo se mit en route. Arrivé devant le château du chevalier Albert, Sulfo sentit l'odeur de poivre qui lui piquait le nez.
Sulfo éternua très fort, mais il ne sortit de sa gueule que trois étincelles et un peu de fumée noire. Alors il entendit crier : « IL PEUT ENTRER ! »
Sulfo prit la parole : – Monsieur le chevalier, pour s'excuser d'avoir meurtri votre derrière, les dragons souhaiteraient offrir à tous les chevaliers une gigantesque brochette portant mille pommes rôties.
Albert se lécha les babines :
– Les pommes seront-elles caramélisées ?
– Dorées à point ! confirma Sulfo.
– Alors, j'accepte vos excuses, répondit le chevalier gourmand.
Et ils signèrent l'accord de paix.
De retour chez lui, quand Sulfo montra l'accord de paix au peuple des dragons, ils poussèrent des hurlements de joie.
Car les dragons adorent cracher du feu pour faire cuire les pommes.
Et le roi Draco Ier félicita son fils :
– Tu es un grand dragon. Je suis vraiment fier de toi !

La carapace de fer

Texte : Bertrand Fichou • Illustrations : Piotr Sacha

Harald est un chevalier, un vrai de vrai : il a un cheval et une épée.
Mais le pauvre Harald a aussi un bouton sur le nez, et il n'est pas plus haut qu'un tabouret. Alors forcément, dès qu'il apparaît, tout le monde se moque de lui, même son cheval. Son roi, ses copains chevaliers rient :
– Hé ! Regardez ! Un tabouret avec un bouton sur le nez !
Un jour, Harald se dit :
– Ça ne peut plus durer. Je suis un chevalier, tout de même !
On dirait qu'ils l'ont oublié. Comment faire pour le leur rappeler ?
Soudain, Harald a une idée... Pendant un mois, Harald s'enferme dans l'atelier du forgeron. Il fait un bruit de tous les diables :
et bing ! et bang ! et crrrrrr !...
Et puis un jour, la porte s'ouvre, Harald surgit. Et pour la première fois, personne ne rit. Tout le monde tremble de peur : Harald s'est forgé une nouvelle armure, une armure hérissée de pointes qui lui donne l'air d'un monstre de fer.
Et quand il marche, il fait un bruit d'enfer… Crouic ! Crouic ! Crouiiic !
« Ha ! Ha ! se dit Harald, enfin les gens vont me voir tel que je suis : un fier chevalier ! »
Depuis qu'il a sa nouvelle armure, personne n'ose plus se moquer d'Harald le chevalier. Crouic ! Crouic ! Crouiiic !

Les gens s'écartent sur son passage…
Crouic ! Crouic ! Crouiiic !
Les dragons se couchent à ses pieds…
Harald rugit de plaisir :
– Grrrr ! Que c'est bon d'être craint !
Tellement bon, que c'est décidé,
je ne quitterai plus jamais mon armure.
Et Harald tient parole.
Pendant des années,
Harald dort avec son armure,
Harald mange avec son armure,
Harald se lave avec son armure.
Crouic ! Crouic ! Crouiiic !
Harald est le plus heureux des chevaliers.
Jusqu'au jour où, au pied du château,
il aperçoit Élodie, la jolie paysanne,
qui va à la fontaine.
Aussitôt, Harald en tombe amoureux !
Alors il descend les escaliers…
Crouic ! Crouic ! Crouiiic !
Il s'approche d'Élodie…
Crouic ! Crouic ! Crouiiic !
Et il lui dit :
– Je vous aime, Élodie jolie !
Mais Élodie crie :
– AAAAAAAH !
en s'enfuyant à travers champs.
« Je suis un imbécile, se dit Harald,
mon armure lui a fait peur !
Je suis obligé de la retirer.
Oui mais… Élodie va voir
que je suis petit et laid.
Tant pis, il faut essayer ! »

Aussitôt Harald tripatouille les vis et les boulons de sa carapace de fer.
Mais rien ne se passe.
– Par tous les diables, gémit Harald, mon armure ne veut plus s'ouvrir !
Pendant des jours et des nuits, armé de son tournevis de chevalier,
Harald se tortille… Crouic ! Crouic ! Harald sautille… Crouic ! Crouic !
Harald se roule par terre… Crouic ! Crouic ! Crouiiic !
Rien n'y fait. L'armure est verrouillée.
« Catastrophe, se lamente Harald, je vais rester coincé dedans ! »
Harald est désespéré. Alors, pendant des semaines,
dès qu'Élodie va à la fontaine, Harald se cache pour la regarder.
Et son cœur résonne dans son armure !
Un jour, du haut des remparts, il se penche pour l'admirer
et… oups ! Il bascule dans le vide. Harald chute comme une pierre.
Plouf ! Il atterrit dans la fontaine. Sous le choc, son armure explose !
Harald se retrouve les fesses dans l'eau. En le voyant, Élodie éclate de rire.
Harald fait la moue et il dit tristement :
– Ça y est, ça recommence. À peine sorti de mon armure, voilà qu'on se moque de moi !
Élodie lui dit :
– Mais non, gros nigaud, je ne me moque pas de vous ! Je ris juste parce que vous avez
une grenouille sur la tête ! Et vous m'avez fait tellement rire que cela mérite bien un baiser.
Tchouic ! Elle l'embrasse sur le nez. Vous devinez la suite ?
Ils ne se sont plus jamais quittés et Harald a jeté son armure aux orties !

Hector le fantôme

Texte : Elisabeth Sénéchal • Illustrations : Benoît Debecker

Dans son grand château, le roi Mac Billy était toujours de très bonne humeur : il jouait de la musique, il dansait... et sa bonne humeur était si contagieuse que tout le royaume travaillait en chantant.
Pourtant, bien à l'écart de ce joyeux tintamarre... il y avait Hector, le fantôme du grenier.
Hector vivait sur un vieux tapis écossais, comme son père, et comme son grand-père, avant lui. Dans la famille d'Hector, on vivait sur ce tapis de génération en génération, depuis environ six cents ans. Un jour, la vieille servante du roi entra dans le grenier.
En apercevant le tapis écossais, elle s'écria :
– Quel joli tapis ! Sa place n'est pas dans le grenier !
Et en deux temps trois mouvements, elle descendit le tapis d'Hector dans la chambre du roi. Le lendemain, au petit matin, le pied droit du roi l'écrabouilla. Le roi s'écria :
– Quelle belle journée ! Je vais réveiller le royaume en musique !
Il se mit alors à jouer de la cornemuse et à danser sur le tapis, infligeant ainsi à Hector de terribles coups de pieds.
N'importe quel fantôme aurait pris la poudre d'escampette.
Mais certainement pas Hector qui ne voulait pas abandonner son tapis.

Lorsque le roi quitta sa chambre, Hector le fantôme était aplati comme une crêpe. Le lendemain matin, il se fit à nouveau écrabouiller : au saut du lit, le roi attrapa sa cornemuse et il se mit à danser. Hector ne put donc échapper à une terrible séance de coups de pieds.
Et ce fut ainsi tous les jours suivants.
Tout fut différent le jour où le roi posa en premier son pied gauche sur le tapis.
Ce matin-là, le roi s'écria :
– Quelle affreuse journée !
Et il ne joua pas de cornemuse et il ne dansa pas sur le tapis. Non ! Pas du tout !
Il enfila son pantalon devant derrière, et comme il ne trouvait ni ses chaussettes, ni ses chaussures, il sortit de sa chambre en marmonnant :
– Ce château est un vrai fouillis !
Hector se dit en se grattant la tête :
« Voilà qui est intéressant, on dirait que l'humeur de ce roi dépend de quel pied il se lève : s'il se lève du pied droit, il est de bonne humeur, s'il se lève du pied gauche, il est de mauvaise humeur ! Ça me donne une idée… »
Hector prit alors la précaution, les matins suivants, d'attraper le pied gauche du roi et de le poser délicatement en premier sur le tapis écossais !
Ainsi Hector avait la paix : comme le roi ne dansait plus, Hector ne recevait plus de coups de pieds.

Mais à force de se lever du pied gauche, le roi devint un roi grincheux et colérique.
Et sa mauvaise humeur fut terriblement contagieuse.
Partout dans le royaume, les gens se mirent à hurler et à se disputer.
Le grand château tremblait maintenant si fort
qu'Hector commençait à regretter le temps
où le roi était de bonne humeur.
Mais voilà qu'un jour...
La vieille servante, qui était elle aussi de fort méchante humeur,
entra en ronchonnant dans la chambre du roi.

Elle empoigna brutalement le tapis.
« Oh non, se dit Hector, je ne veux pas
qu'on me renvoie au grenier...
Je vais m'y ennuyer moi maintenant ! »
Mais Hector ne fut pas expédié au grenier
comme il le croyait. Il fut étalé
dans le froid mordant du jardin !
Et, pour libérer toute sa colère,
la vieille servante se mit à battre le tapis
et à le débarrasser de sa poussière.
Elle donna alors à Hector,
sans le savoir, la plus belle fessée
qu'un fantôme ait jamais reçue.
Hector était tout chamboulé.
Soudain, il bondit et il se dit :
« J'en ai vraiment assez
de toute cette mauvaise humeur !
Je veux changer de vie ! »
Et il décida de quitter son précieux tapis...

Depuis ce jour,
Hector parcourt le monde
et veille à ce que les gens
du royaume et d'ailleurs
se lèvent du bon pied !

Barnabé le grincheux

Texte : Bertrand Fichou • Illustrations : Franco Cavani

Le roi Barnabé le grincheux adore jouer aux petits chevaux. Et surtout, surtout, il aime gagner. Barnabé est mauvais joueur. Quand il perd, il se met en colère et il crie tellement fort que ça fait des courants d'air dans tout le royaume.
En se réveillant, il crie à ses valets :
– Apportez-moi mes petits chevaux ! Et toi, le moustachu, assieds-toi sur le lit, on va faire une partie. Prends les dés, je te laisse commencer.
En tremblant de peur, le valet moustachu s'assied et tous les deux, ils commencent à jouer.
Et c'est le valet moustachu qui gagne… Barnabé le grincheux donne de grands coups de pied dans son oreiller, en hurlant : – Jetez-moi ce moustachu en prison !
Et les prisons sont bientôt pleines de tous les joueurs qui ont gagné aux petits chevaux.

F.

Alors, pour ne plus aller en prison, les sujets de Barnabé ont une idée : ils font exprès de perdre et Barnabé commence à gagner toutes les parties. Il est ravi ! Il se dit qu'il est devenu le meilleur joueur de petits chevaux de tout le royaume. Il est tellement fier que chaque soir, au moment des informations, il raconte ses exploits à la télévision. Mais pauvre Barnabé ! Tous ceux à qui il ordonne de jouer font tellement attention de bien perdre, que lui, quand il joue, il s'ennuie. Il finit par tourner en rond dans son château. Un jour, Barnabé le grincheux découvre un petit garçon assis par terre dans les écuries : il s'amuse avec des petits chevaux taillés dans du bois. Barnabé le grincheux lui demande :

– Qui es-tu ?

– Je suis Pierrot, c'est moi qui nettoie les écuries.

– Ah, bon, dit Barnabé le grincheux, et tu sais jouer aux petits chevaux ?

– Oui, je suis même très fort, dit Pierrot en levant haut son menton.

– Alors, propose Barnabé le grincheux, on fait une partie, même si je suis sûr de gagner…

Barnabé s'assoit dans la paille, face à Pierrot, et tous les deux, ils commencent à jouer.
Pierrot joue si bien que la partie n'est pas finie quand arrive le soir.
Les serviteurs de Barnabé sont inquiets :
– Et si Pierrot gagne, est-ce que Barnabé l'enverra en prison ?
Ce n'est qu'un enfant, mais Barnabé le grincheux est tellement mauvais joueur !
Pierrot non plus n'aime pas perdre. Alors il continue de se défendre
toute la nuit et toute la journée suivante et aussi toute la nuit d'après.
Le matin du troisième jour, Barnabé le grincheux est épuisé.
Et Pierrot finit par gagner. Barnabé le grincheux devient tout rouge…
Tout le monde tremble pour le pauvre petit Pierrot.
Soudain, Barnabé le grincheux s'écrie, l'air tout joyeux :
– C'était une super partie ! Ça faisait longtemps que je ne m'étais pas amusé autant…
Mais je n'ai pas dit mon dernier mot. Pierrot, rendez-vous demain
pour que je prenne ma revanche !

William et la cornemuse magique

Texte : Bertrand Fichou • Illustrations : David Parkins

William est un monstre. Il vit en Écosse, au fond d'un lac. William est si gros qu'il fait peur à tout le monde. Alors, il reste seul, et il s'ennuie. Parfois, il regarde tristement le château qui se dresse au bord du lac. C'est le château du terrible seigneur Mac Grigou. Mac Grigou déteste William. Du haut de son château, il n'arrête pas de crier :

– Ce monstre est trop gros, trop laid ! Il faut nous en débarrasser !

Lorsqu'il entend Mac Grigou, William est encore plus triste...

Un jour, Mac Grigou ordonne à Tom, son magicien :

– Transforme le monstre du lac en un tout petit crapaud !

Tom le magicien arrive au bord du lac. Il commence à dire sa formule magique :

– Gropabo-céfini-bientotusera-toupeticrap… AAAAH !

Splatch ! Catastrophe ! Tom a glissé dans le lac ! Il crie :

– Au secours ! Je ne sais pas nager !

Aussitôt, William se précipite. En le voyant surgir, Tom hurle :

– Le monstre ! Il va me manger !

William pousse un grognement, il attrape Tom entre ses dents... mais il ne le croque pas. Au contraire, il le pose délicatement sur la rive avant de disparaître dans l'eau noire.

Tom est trempé comme une soupe. Encore tout étonné de son aventure, il court jusqu'au château, où Mac Grigou boit son thé :
– Monseigneur ! J'allais me noyer, et le monstre m'a sauvé !
Le seigneur fronce les sourcils :
– Il ne t'a pas mangé parce qu'il n'avait pas assez faim ! Mais que fera-t-il la prochaine fois ? Il faut nous débarrasser de cette horrible bête !
– Mais puisque je vous dis qu'il m'a sauvé la vie ! proteste Tom.
Il a beau crier et taper du pied, Mac Grigou est décidé : cette fois, il va tuer le monstre.
Le lendemain matin, William fait la planche au soleil.
Un peu triste, il pense à Tom :
« Si j'étais moins gros et moins laid, le petit magicien n'aurait pas eu peur quand je l'ai attrapé hier. Nous aurions pu jouer tous les deux... »
Soudain, William entend un bruit. Il se retourne, mais trop tard : le bateau de Mac Grigou est juste derrière lui !
Les soldats lancent leur filet, William est prisonnier ! Mac Grigou rit méchamment :
– Enfin, je te tiens, monstre ! Pouah !
Tu es encore plus laid de près que de loin !

Depuis les murailles du château, Tom a tout vu. Il se dit :
« Hier, le monstre m'a sauvé, aujourd'hui, c'est à moi de l'aider ! »
Alors il attrape sa cornemuse, sa cornemuse de magicien,
et il commence à souffler dedans. La musique monte, monte vers le ciel,
et les notes retombent bientôt... en gouttes de pluie.
D'abord quelques perles grises, pas plus grosses que des œufs de puce,
puis, soudain, c'est la douche sur le beau pays d'Écosse !
Tom souffle plus fort encore, et le vent se lève, c'est la tempête !
Les vagues secouent le bateau de Mac Grigou et ses soldats.
Vite, William en profite pour s'échapper ! Il va se cacher à l'autre bout du lac.
Il se dit : « Les hommes me détestent parce qu'ils ont peur de moi.
Alors, je vais rester tout seul ici, pour toujours. Je n'embêterai plus personne. »
Mais, soudain, il entend une voix qui l'appelle depuis le rivage :
– Ohé ! C'est moi, Tom, le petit magicien !
William n'en revient pas ! Tom dit :
– Mac Grigou m'a chassé du château parce que je l'ai empêché de t'attraper.
Moi, je sais que tu n'es pas méchant. Si tu veux, on peut être amis...
William est tellement content qu'il fait une super galipette dans l'eau !
Depuis, chaque jour, William promène Tom sur son dos,
et Tom lui joue de la cornemuse, de sa cornemuse de magicien.
C'est pourquoi, depuis ce jour, il pleut souvent sur le beau pays d'Écosse !

Lili Bolide

Texte : Évelyne Reberg • Illustrations : Stéphanie Galloni

Il y a longtemps, très loin d'ici, en Amérique, on entendait parfois des tagada, tagada résonner sur le sol. Puis un nuage de poussière venait piquer les yeux des gens.
Ils disaient :
– Ma parole, c'est Lili Bolide qui galope avec son cheval Tagada… Elle a déjà filé ! Mais où est-elle passée ? À droite ! Non, à gauche !
On l'appelait Lili, parce que ça sonnait clair comme le rire d'un ruisseau. On l'appelait Bolide, parce que sur son cheval Tagada, elle filait si vite qu'on ne la voyait pas.

Quand Lasso Jim entendit parler d'elle, il traversa toute l'Amérique pour venir l'épouser. Il se disait : « Puisque je suis le cow-boy le plus fort du monde, il me faut une femme exceptionnelle. »
Un jour, il se posta près de la rivière, là où Lili Bolide passait d'habitude.
Quand il entendit son cheval Tagada, il s'écria :
– Halte-là !

Et Lili s'arrêta.
Lasso Jim lui dit :
– Tu vois ces milliers de moustiques au-dessus de l'eau ? Eh bien, regarde…
Lasso Jim jeta son lasso et d'un seul coup, il étrangla tous les moustiques !
Il déclara, en bombant le torse :
– Fortiche, non ? Veux-tu m'épouser ?
– Pfff ! répondit Lili Bolide. Si tu me veux pour femme, attrape-moi.
Et elle partit au grand galop, plus vite qu'un éclat de rire. Quand Lasso Jim jeta son lasso, Lili avait déjà disparu et il resta planté comme un nigaud.

Le lendemain, il retourna près de la rivière pour attendre Lili. Quand il entendit son cheval Tagada, il s'écria :
– Halte-là !
Et Lili s'arrêta. Lasso Jim lui dit :
– Tu vois ces douze alligators ?
Tu vois leurs dents effrayantes ?
Eh bien regarde…
Il jeta son lasso et d'un seul coup, il décrocha toutes les dents des douze alligators vivants. Il déclara, en bombant le torse :
– Fortiche, non ? Veux-tu m'épouser ?
– Pfff ! répondit Lili Bolide. Si tu veux m'épouser, attrape-moi !

Cette fois, Lasso Jim avait bien préparé son lasso. Mais juste au moment où il allait attraper Lili Bolide, elle fit bondir son cheval jusqu'au ciel et même plus haut.

Le jour suivant, Lasso Jim se posta encore près de la rivière. Il se dit : « Ce qu'il faut à Lili Bolide c'est un cadeau magnifique, éblouissant. Je vais lui offrir les mille plus belles fleurs au monde, celles que personne n'a jamais cueillies, là-haut, tout là-haut, sur la montagne. »
Il cligna des yeux, il ajusta son tir, il jeta son lasso et d'un seul geste, il cueillit les mille fleurs les plus belles du monde.
Quand Lili apparut, il s'écria :
– Halte-là !
Hélas, soudain, le vent se leva et les fleurs s'envolèrent !
Seul un minuscule bouton d'or resta pris au lasso !
– Oh ! fit Lasso Jim, rouge de honte.
– Ah ! fit Lili Bolide, rose de bonheur. Et elle ajouta :
– Comme ce cadeau est délicat ! Que ton cœur doit être tendre, Lasso Jim ! Veux-tu m'épouser ?
Et c'est ainsi que Lasso Jim épousa Lili Bolide.

La vallée des Bisons-Volants

Texte : Claire Clément • Illustrations : François Roudot

Dans une vallée, au bout du bout de l'Amérique, vivait la tribu des Bisons-Volants. Dans cette tribu, il y avait un homme qui mentait tout le temps. Il s'appelait Torrent-qui-parle. Il avait peur de tout, depuis toujours. Et comme il avait peur qu'on voie qu'il avait peur, il avait pris l'habitude de mentir et il ne s'était jamais arrêté. Par exemple, il allait dans la forêt grimper aux arbres et il revenait en disant qu'il s'était battu contre un grizzli ! Ou alors il renversait une cruche pleine d'eau et il disait que ce n'était pas lui, que c'était le vent. C'était facile de voir qu'il mentait parce qu'il commençait chaque phrase en disant « par ma barbe » alors qu'il n'en avait pas.
Un jour, Torrent-qui-parle se mit à hurler :
– Par ma barbe, le pont va s'écrouler !
Il n'y avait qu'un seul pont sur la rivière, et grâce à lui on pouvait la traverser et aller cueillir les tomates, les avocats et le maïs, qui étaient de l'autre côté. Toute la tribu se précipita pour empêcher cette catastrophe. Mais en arrivant au pont, ils s'aperçurent que Torrent-qui-parle avait menti. Il rigolait comme une baleine de l'autre côté du pont.

Hélas, c'était un mensonge de trop. Car pendant ce temps, la tribu ennemie des Bisons-Volants, les Oiseaux-de-Nuit, en avait profité pour s'installer dans le village. Quelles larmes versèrent les femmes ! Leurs jolis tipis, leurs tissus colorés… maintenant, elles avaient tout perdu ! Une vieille femme folle de rage se tourna vers Torrent-qui-parle :

– Tout ça, c'est à cause de toi ! Tu es le plus grand menteur que la terre connaisse !

Alors les hommes, les femmes, les enfants firent une ronde autour de lui en criant :

– Hou, hou, le menteur !

Les yeux de Torrent-qui-parle se remplirent de larmes. Il pleura sans s'arrêter, en silence, la tête baissée. Il pleura toute sa honte. Quand il cessa de pleurer, le matin venait juste de se lever. Torrent-qui-parle tapa trois fois dans ses mains. Les hommes, les femmes, les enfants se réveillèrent. Il leur dit :

– Allez, suivez-moi, je sais où construire un autre village.

Mais personne ne le suivit car personne ne le crut.

Sauf Renard-Curieux, un petit enfant de la tribu, qui leur dit :

– Torrent-qui-parle n'a pas dit « par ma barbe », peut-être que Torrent-qui-parle dit la vérité, peut-être qu'il a changé…

Torrent-qui-parle partit vers la montagne,
il grimpa tout en haut
car il voulait parler au soleil. Il lui dit :
– Un jour, j'ai raconté que je m'étais battu
contre un grizzli, mais j'ai menti.
Un jour, j'ai dit que le vent avait renversé
la cruche, là aussi j'ai menti.
Et il raconta au soleil toute la vérité.
Il dit aussi la vérité au vent,
et le vent se mit à souffler.
Il dit aussi la vérité à la pluie,
et la pluie se mit à tomber.
Renard-Curieux, qui l'avait suivi en secret,
avait tout entendu.
Il courut vers le camp en criant :
– Torrent-qui-parle a dit la vérité au soleil,
au vent et à la pluie !
Torrent-qui-parle a changé !
Quand Torrent-qui-parle revint, il s'assit
autour du feu avec sa tribu,
et il eut envie aussi de dire
la vérité à ceux qu'il aimait.
Alors il se mit à chanter l'histoire de sa vie,
l'histoire de sa naissance,
au moment d'un tremblement de terre.
Il raconta la peur qu'il avait eue,
une peur si grande qu'il l'avait gardée
en lui et qu'il l'avait bien cachée
en mentant tout le temps !
Quand Torrent-qui-parle eut fini de chanter,
il partit, aussi léger qu'une brindille,
pour construire un autre village.
Sans dire un mot, toute la tribu le suivit.
Seul Renard-Curieux dit d'un air malicieux :
– Je vous avais bien dit
que Torrent-qui-parle avait changé.
Pourquoi personne ne veut m'écouter ?

Le dernier vœu de Zanzibar

Texte : Marc-Antoine Popovitch • Illustrations : Silke Tessmer

En Afrique, au milieu de la brousse, se trouvait un petit village qui vivait dans la terreur du génie Zanzibar…
Chaque jour, un enfant était obligé de satisfaire un caprice de Zanzibar.
S'il ne réussissait pas, Zanzibar le dévorait.
Ce matin-là, comme tous les matins, Zanzibar feuilleta son « Grimoire du Monde » et il trouva un caprice absolument génial, un caprice impossible à réaliser.
Il poussa un soupir de plaisir en pensant au goût délicieux d'un enfant grillé aux bananes.

Comme d'habitude, Zanzibar le génie attendit les villageois
sous le vieux baobab. Puis il annonça :
– Je veux une glace à deux boules : vanille-chocolat, dans cinq jours.
Moubassa, le chef du village, protesta :
– Mais il n'y a pas de glaces dans la brousse !
– Débrouillez-vous, menaça Zanzibar. Et si vous réussissez,
je vous promets que ce sera mon dernier vœu. Ha, ha !
Puis Zanzibar réclama le silence, il ferma les yeux, il tourna trois fois
sur lui-même et il désigna un enfant au hasard : ce fut Bouba !
– Bouba. Le sort t'a désigné. Tu as cinq jours pour me trouver une glace vanille-chocolat.
Bouba partit, la tête basse, après avoir écouté les recommandations du chef du village.
Il marcha pendant deux jours et deux nuits et il se retrouva bientôt
devant la grotte du sorcier Lobolo. Il avança doucement dans la grotte.
Bouba découvrit un vieil homme, dans l'obscurité,
assis par terre, avec une chauve-souris sur l'épaule. Le sorcier dit :
– Bonjour Bouba, je sais ce que tu es venu chercher,
et je ne peux malheureusement pas te le donner !
Mais prends ces deux galets !
– Mais... balbutia Bouba étonné, à quoi me serviront ces galets ?
– File, ordonna Lobolo. Tu as peu de temps.

Bouba marcha deux jours et deux nuits pour rentrer chez lui.
Déjà il se voyait dévoré par le génie. Soudain, une idée germa dans son esprit.
À son arrivée, il s'enferma dans sa case. Et au petit matin, il sortit avec une glace à deux boules, l'une marron, l'autre blanche. Le chef du village s'étonna :
– Ça alors ! Comment as-tu pu trouver une glace au cœur de la brousse ?
Bouba sourit :
– Ce n'est pas une glace, mais deux cailloux peints sur un cornet en feuille de baobab ! Comme nous tous, Zanzibar est né dans la brousse.
Il a dû voir le dessin des glaces dans ses livres, mais il n'en connaît pas le goût !
– Je te souhaite d'avoir raison, répondit le chef du village.
Bouba et Moubassa apportèrent la glace à Zanzibar.
– C'est impossible ! rugit le génie éberlué, en comparant le dessin de son livre et la glace de Bouba. Il n'y a pas de glaces dans la brousse !
Le génie avala tout rond les deux cailloux en faisant une horrible grimace.
– C'est dégoûtant ! râla-t-il. Dans mon grimoire, il est écrit que c'est froid et délicieux !
– Le soleil réchauffe tout ici ! dit Bouba. Et moi je trouve cette glace à mon goût.
À propos, je te rappelle que ceci était ta dernière demande !
Zanzibar, furibond, rugit de colère et il disparut à tout jamais !

King Louis dit toujours « Non ! »

Texte : Thierry Foucher • Illustrations : Christian Kingue Epanya

Dans la jungle, on entend : boum, boum, boum !
C'est King Louis qui se cogne la poitrine.
Sa maman appelle :
– King Louis, mon petit roi,
viens manger !
King Louis répond : – NON !
Mais il vient quand même en traînant les pieds.
Il repousse son assiette en grognant :
– Je ne veux pas de riz !
– Allons, allons, mon petit roi,
dit papa, il est bon ce riz.
Mais King Louis crie :
– Non, je veux du jambon !
Papa finit par céder sinon
King Louis pourrait bien continuer à crier.
Le soir, King Louis décide
qu'il ne mettra pas son pyjama :
– Non, dit King Louis, je ne veux pas celui-là.
Et il se met à pleurer.
Alors pour qu'il se taise, papa dit :
– Tiens, mon petit roi, voilà un autre pyjama.
Puis King Louis ne veut plus
dormir dans son lit, mais dans le hamac
tendu entre les bananiers du jardin.
Alors il va se coucher dans le hamac.

Les parents de King Louis sont épuisés, ils ne savent plus comment s'y prendre avec lui. Aussi le lendemain matin, ils décident d'aller en famille demander conseil au grand sorcier. Le papa de King Louis explique :
– Voilà, nous faisons tout ce que nous pouvons pour faire plaisir à notre petit roi, mais ça ne va jamais. Que faire ?
– Hum, hum, dit le grand sorcier, tout ça n'est pas sorcier.
Moi, je vais vous montrer à quoi vous ressemblez tous les trois.
Et le sorcier dessine King Louis avec une couronne sur la tête, un air pas commode, et ses parents courbés devant lui, comme on se courbe devant un roi. La maman de King Louis s'écrie :
– Vous plaisantez, ce n'est pas nous !
Le sorcier répond :
– C'est comme ça que je vous vois. Accrochez ce tableau chez vous, vous verrez, il vous aidera.

À la maison, le papa et la maman de King Louis accrochent le tableau sur le mur.
Puis le papa de King Louis appelle : – King Louis ! Mon roi, viens manger !
– Non, répond King Louis, le céleri, c'est dégoûtant, je préfère continuer à jouer !
Le papa de King Louis est prêt à céder. Mais il aperçoit le tableau. Il soupire :
– C'est vrai qu'on dirait nous trois.

Alors, le papa de King Louis se fâche :
– King Louis, tu viens dîner maintenant,
et tu manges ton céleri ou tu iras au lit !
King Louis est stupéfait.
Son père ne lui a jamais parlé de cette façon.
King Louis se met à trépigner :
– Mais... mais je suis le roi !
La maman s'apprête à demander :
– Mon petit roi, veux-tu de la purée
à la place du céleri ?
Mais soudain, elle voit le tableau
sur le mur et elle pense :
– C'est vrai qu'on dirait nous trois !
Alors elle dit :
– Ça suffit, King Louis, au lit !
Dans son lit, King Louis est stupéfait.
Il pleurniche :
– Je veux la lumière, je veux la lumière,
je suis le roi !
Mais personne ne se dérange.
Alors, au bout d'un long moment,
King Louis appelle de sa petite voix :
– Papa ! Maman !
Le papa et la maman de King Louis
passent la tête par la porte ouverte.
King Louis murmure :
– Je voudrais juste un bisou,
un seul et c'est tout.
Le papa et la maman de King Louis
l'embrassent tendrement et ils lui disent :
– Allez dors, King Louis.
Et soudain, en regardant le tableau,
ils sont bien étonnés :
la couronne de King Louis
commence à disparaître
et eux, les parents, se sont redressés.
Et on dirait même, mais oui,
on dirait que King Louis sourit...

Le diamant du roi

Texte : Élisabeth Sénéchal • Illustrations : François Roudot

Il était une fois, en Orient, un roi qui était malheureux car personne ne le regardait.
Dans son palais doré, tout le monde baissait la tête et les serviteurs marchaient le dos courbé.
Un jour, le roi en a assez de ne voir que des dos et des turbans.

Alors, le roi appelle son ministre et il lui dit :
– Puisque dans ce palais, on ne regarde que mes pieds, il faut que mes babouches soient propres. Trouve-moi sans tarder un cireur de souliers.
Aussitôt, le ministre va trouver Nasir, le petit cireur de chaussures, et il ordonne :
– Toi, Nasir, petit cireur de souliers, tu es attendu au palais, sur ordre du roi, pour cirer ses babouches !
Puis il tourne les talons et il repart aussi vite qu'il est arrivé.
Nasir est étonné et un peu inquiet, car au village, au marché, dans la rue, dans les bois, on raconte de terribles histoires sur le roi. Nasir enfile ses plus beaux habits, il glisse sa brosse dans sa poche et il part. Mais avant d'aller au palais, Nasir décide de rendre visite au grand chamelier afin d'en savoir un peu plus sur ce roi.
Quand il arrive chez le grand chamelier, Nasir lui dit :
– Je suis attendu au palais, sur ordre du roi. S'il te plaît, grand chamelier, toi qui as beaucoup voyagé, dis-moi ce que tu sais sur le roi.
L'homme lui répond :
– Méfie-toi ! On dit que le roi porte un turban maléfique incrusté d'un diamant vert. Cette pierre terrible brûle les yeux de celui qui la regarde. Si j'étais toi, je n'irais pas !
Nasir remercie le chamelier puis il reprend sa route, malgré tout.

En chemin, Nasir décide de se rendre chez le charmeur de serpents.
En arrivant, Nasir lui dit :
– Je suis attendu au palais, pour cirer les babouches du roi. S'il te plaît, charmeur de serpents, toi qui connais tant de gens, dis-moi ce que tu sais sur le roi.
L'homme lui répond :
– Méfie-toi ! On dit que le roi porte un turban magique incrusté d'un diamant bleu. Cette pierre venimeuse brûle les yeux de celui qui la regarde.
Rentre chez toi, Nasir, crois-moi !
Nasir remercie le charmeur de serpents puis il reprend sa route. Nasir traîne les pieds. Il est un peu inquiet de rencontrer ce roi qui fait peur à tout le monde.
Alors Nasir se rend chez le plus vieil homme du village. Nasir lui demande :
– Vieil homme, toi qui sais tout, s'il te plaît, dis-moi ce que tu sais sur le roi.
Le vieil homme soupire :
– On dit que le roi porte sur son turban un diamant rouge qui brûle les yeux de celui qui le regarde. Nasir remercie le vieil homme puis il reprend sa route.
Alors qu'il s'éloigne, le vieil homme lui crie :
– Si tu veux un conseil, petit, baisse les yeux devant le roi !

Un peu plus tard, tête baissée, Nasir
entre dans les jardins du palais.
Puis il suit un serviteur, sans lever les yeux,
durant des kilomètres de tapis. Enfin, il s'agenouille
devant une précieuse paire de babouches.
Nasir a très peur. La petite brosse frotte
les babouches qui deviennent brillantes
comme des miroirs. Et, sur les babouches,
Nasir aperçoit soudain le visage du roi.
Mais Nasir ne voit pas de diamant rouge,
vert ou bleu. Il ne voit rien d'aveuglant.
Il aperçoit juste une petite pierre blanche
nichée dans les plis du turban.
Nasir entend le roi demander :
– Petit cireur de souliers,
toi qui vois mon visage, me trouves-tu si laid ?
Nasir répond :
– Oh non, votre majesté !
Le roi insiste :
– Alors, explique-moi
pourquoi personne ne me regarde !
Nasir relève la tête puis il raconte au roi
les histoires que l'on dit sur lui.
Son travail terminé, Nasir salue le roi.
Mais Nasir est à peine sorti du palais
que les gens se précipitent vers lui
et lui demandent :
– Petit cireur de souliers,
as-tu toujours de bons yeux ?
Nasir répond avec un grand sourire :
– Bien sûr, je vois clairement là devant moi
une bande de peureux assez sots
pour croire tout ce qu'on raconte !

La ruse de Mei Li

Texte : Catherine de Lasa • Illustrations : Simona Mulazzani

Chang vivait en Chine avec sa femme Ling
et leur petite fille Mei Li. Chang cultivait le riz.
Un jour, alors que Chang construisait un petit mur
tout autour de son champ, une pierre
lui échappa des mains et tomba par terre.
Il entendit un hurlement terrible...
Aussitôt, un horrible monstre apparut et il se mit à hurler :
– Tu as écrasé le bout de ma queue
en laissant tomber ta pierre !
Tu m'as fait terriblement mal !
Pour te punir, je vais faire gonfler le fleuve.
Il inondera toutes les terres
et noiera tous les habitants du pays.
– Non ! Ne fais pas ça, le supplia Chang.
Je t'en prie, je te donnerai
tout ce que tu voudras...
Le monstre se radoucit un peu :
– Ah bon, tu me donneras tout ce que je voudrai...
Eh bien, je veux que tu me donnes
ta fille Mei Li en mariage !
Chang frissonna de terreur :
donner sa fille Mei Li en mariage
à ce monstre épouvantable...
Non, ce n'était pas possible !
Mais le monstre ne lui donna pas le choix, il s'écria :
– Je te laisse jusqu'à la fin de la récolte du riz.
Puis je viendrai chercher ta fille !

Et il disparut.
Ce soir-là, Chang rentra chez lui très triste.
Il était tellement désespéré, qu'il se mit à pleurer.
Il raconta tout à sa femme Ling.
Dans la chambre à côté, Mei Li avait tout entendu
et elle avait très peur de ce qui pouvait lui arriver.
Elle se tournait et se retournait
dans son lit, elle n'arrivait pas à dormir.
Alors elle sortit se promener sur le chemin.
Mei Li marcha un long moment à la recherche d'une solution.
Puis elle se décida enfin à rentrer.
Mais avant, elle fit le tour des champs qui appartenaient à son père.
Et soudain, Mei Li eut une idée.
Elle rentra sans bruit, et elle monta au grenier.

Là, elle prit un sac de riz, elle le descendit et elle le cacha
derrière son lit. Sa peur avait alors disparu,
et elle se rendormit paisiblement. Le lendemain,
son père Chang retourna dans son champ.
Et les jours qui suivirent aussi. Chaque jour, le monstre surgissait en ricanant :
– Hé, hé, prépare-toi, la récolte approche !
Et chaque soir, Chang cherchait avec Ling une solution
pour tromper le monstre… Mais en vain !
Mei li, quant à elle, semblait bien tranquille.
Chaque matin, elle partait et elle ne rentrait que le soir.
Ses parents la voyaient si fragile qu'ils n'avaient toujours pas osé lui parler.
Ils étaient de plus en plus inquiets :
« La récolte approche, se disaient-ils. Et nous allons perdre notre petite fille ! »
Un jour, Chang ne voulut plus retourner travailler. Il ne voulait pas voir
son champ qui devenait vert et les premières pousses qui sortaient de l'eau.
Bientôt le jour de la récolte arriva…

Chang dut se mettre à récolter le riz avec l'aide de sa femme et de sa fille.
La récolte dura deux longues semaines. Et au dernier coup de faucille, le terrible monstre surgit : – Ah, ah, la récolte est terminée, je viens chercher ma fiancée !
Chang sauta au-devant du monstre pour protéger sa fille.
Mais Mei Li s'avança vers le monstre :
– Non, dit-elle, la récolte n'est pas finie !
– Comment cela, la récolte n'est pas finie ? rugit le monstre.
Alors Mei Li montra, derrière la maison, des petites pousses qui sortaient de l'eau :
– Il y a du riz qui pousse là-bas. Il faut attendre qu'il mûrisse !
Le monstre poussa un hurlement terrifiant. Mais il avait promis qu'il attendrait la fin de la récolte et un monstre tient toujours ses promesses !
Il dut donc rentrer sous terre pour attendre encore. Chang et Ling se mirent à sauter de joie en embrassant leur fille.
Naturellement, quand le deuxième champ fut récolté, le riz commençait à pousser dans un autre champ, puis dans un autre, et dans un autre encore.
Et la petite Mei Li fut sauvée du monstre.
C'est depuis ce temps-là qu'en Chine, la culture du riz ne s'arrête jamais.
Quand on récolte un champ, d'autres pousses sont déjà en train de grandir dans un autre champ !

Takéo le tyran

Texte : Juliette Mellon • Illustrations : Thomas Baas

Au pays du Soleil-Levant, les gens sont très malheureux, car l'empereur Takéo est un tyran.
Il dit « Je veux » et tout le monde lui obéit, car tout le monde a peur de lui !
Chaque jour, l'empereur Takéo rend visite à ses ministres. Mais ce n'est pas pour travailler… Non, non, il vient juste chercher ce qui lui fait envie.
Aujourd'hui, il va chez son Premier ministre, il entre dans la maison sans frapper et il rugit :
– C'est moi, l'empereur !
Son ministre accourt et il déroule un long tapis rouge. Takéo fait le tour de la maison, il regarde tout, il touche à tout. Soudain, il s'exclame :
– Quel superbe gong vous avez, là ! C'est décidé, je le veux, je le prends !
Le ministre essaie de discuter :
– Majesté, cet instrument n'est rien comparé aux quinze mille gongs que vous possédez déjà !
En entendant cela, Takéo entre dans une terrible colère :
– Tu refuses de me donner ce gong ? Très bien, puisque c'est ainsi, je vais tout casser !
Et Takéo commence à trépigner. Le Premier ministre est très ennuyé :
– Majesté, je vous en prie, arrêtez ! Si ce gong vous fait envie, bien sûr, je serais honoré de vous l'offrir.
Aussitôt, Takéo se calme :
– Mon ministre, vous êtes un bon ministre, je vous aime bien, continuez ainsi !
Et Takéo s'en va. Son valet le suit, avec le gong sous le bras.

Le lendemain matin, l'empereur Takéo
décide d'aller à la campagne.
Le char impérial roule à travers champs.
À l'intérieur, Takéo s'est endormi.
Soudain, une secousse le réveille. Il crie :
– Je veux m'arrêter, tout de suite, maintenant !
Son serviteur lui dit :
– Il n'y a ici qu'une pauvre maison de bois,
mieux vaudrait continuer notre chemin.
Mais Takéo fronce les sourcils
et il se met en colère :
– J'ai dit tout de suite, maintenant !
Immédiatement, le serviteur s'incline :
– Bien sûr, Majesté, tout de suite, Majesté.
Hélas, Takéo n'a pas l'habitude
des chemins de terre. Il se prend les pieds
dans sa robe de soie. Le voilà les quatre fers
en l'air et couvert de boue ! Quand il se relève,
il est de fort méchante humeur,
il a le nez en compote et un œil au beurre noir.
Takéo arrive devant la porte
de la pauvre maison de bois.
Comme d'habitude, il ne frappe pas.
Il entre et il rugit :
– C'est moi, l'empereur !
Mais personne ne se précipite, il n'y a pas
de tapis rouge. Dans la pauvre maison,
il n'y a qu'un vieil homme, Liao.
Takéo regarde tout, il touche à tout
et il s'empare d'un pot en terre. Il dit :
– Ce pot est beau, ma foi.
C'est décidé, je le veux, je le prends !
Alors Liao s'écrie :
– Monsieur, de quel droit ? Ce pot est à moi.

Takéo n’en croit pas ses oreilles :
– Je suis l’empereur et tu refuses de m’obéir ? Très bien, puisque c’est ainsi, je vais tout casser !
Et Takéo commence à trépigner. Mais cette fois, personne ne l’arrête.
Au contraire, Liao s’écrie :
– Monsieur, vous êtes un bandit et un capricieux !
Aussitôt, Takéo entre dans une terrible colère. Il hurle :
– Comment oses-tu résister aux désirs de l’empereur ? Je te ferai couper la tête !
Liao répond calmement :
– Monsieur, vous êtes un bandit, un capricieux et un menteur,
car foi de Liao, vous n’êtes pas l’empereur !
Takéo n’en revient pas :
– Je ne suis pas l’empereur ? Regarde-moi !
– Oui, dit Liao, je vous vois. Vous avez l’œil au beurre noir des mauvais garçons.
Takéo murmure :
– Heu... Regarde plutôt ma robe de soie.
– Elle est bien crottée, monsieur, répond Liao.
– Regarde mon char ! dit Takéo.
Liao s’exclame :
– Votre char ? Vous avez dû le voler à l’empereur, comme vous vouliez me voler mon pot à moi.
Takéo se tait, il fait demi-tour et il sort de la maison.
Il grimpe dans le char impérial et il repart à travers la campagne.
Par la fenêtre, Takéo regarde les champs de riz. Il n’a plus envie de rien. Ou plutôt si...
Il a envie qu’on ne le prenne plus jamais pour un bandit.
Au pays du Soleil-Levant, l’empereur Takéo a changé. Personne n’a jamais très bien su
ce qui s’était passé dans la pauvre maison de bois. Mais maintenant, au pays du Soleil-Levant,
les gens sont enfin heureux, car il n’y a plus de tyran !

Le tailleur de pierre

Adaptation d'un conte japonais • Illustrations : Carmé Solé Vendrell

Il était une fois un tailleur de pierre
qui taillait et taillait dans la montagne
depuis des années et des années.
Dans cette même montagne, vivait aussi un drôle
de génie, qui de temps en temps, exauçait
les souhaits des gens. Mais ça, le tailleur de pierre
ne le savait pas !

Le tailleur de pierre était content, il aimait sa vie.
Jusqu'au jour où il partit livrer des pierres chez un riche prince.
Là, en voyant les lits en or, les serviteurs et les ombrelles pour protéger le prince du soleil, le tailleur de pierre soupira :
– Ah, si seulement j'étais un prince, comme je serais heureux !
La voix du génie lui répondit :
– Ton souhait a été entendu : sois un prince et sois heureux !
Ça alors ! Aussitôt, le tailleur de pierre se transforma en prince !
Il avait un magnifique palais, et, tout content, il se promenait partout sous son ombrelle. Jusqu'au jour où il s'aperçut que le soleil desséchait l'herbe du jardin et transperçait même son ombrelle. Alors il s'étonna :
– Quoi ? Le soleil est plus fort que moi ? Ah, si seulement j'étais le soleil, comme je serais heureux !

La voix lui répondit :
– Ton souhait a été entendu, sois le soleil et sois heureux.
Ça alors ! Le tailleur de pierre devint aussitôt le soleil !
Tout content d'être puissant, il envoyait sa chaleur sur la terre, et il asséchait tout exagérément. Jusqu'au jour où un nuage passa sous ses rayons et l'empêcha de briller. Alors, il piqua une colère :
– Quoi ? Un nuage est plus fort que moi ! Ah, si seulement j'étais un nuage, comme je serais heureux !
La voix lui répondit :
– Ton souhait a été entendu. Sois un nuage et sois heureux.
Alors le tailleur de pierre se retrouva nuage. Tout content, il cachait le soleil, il faisait pleuvoir et pleuvoir. Les fleuves ont débordé, les arbres ont été arrachés, les villages ont été inondés, mais jamais, au grand jamais, la montagne n'a bougé.
Voyant ça, le tailleur de pierre hurla de colère :
– Quoi ? La montagne est plus forte que moi ? Ah, si seulement j'étais une montagne, comme je serais heureux !

La voix lui répondit :
– Ton souhait a été entendu. Sois la montagne et sois heureux.
Et le tailleur de pierre devint une montagne. Il restait là, tout fier, sans bouger. Jusqu'au jour où il entendit un petit bruit énervant : tac tac tac, un petit bruit de tailleur de pierre. Et puis, bientôt, un bruit de rocher qui se détachait. Fou d'inquiétude, il s'écria :
– Quoi ? Un faible enfant de la Terre est plus fort que moi ?
Ah, si seulement j'étais ce tailleur de pierre, comme je serais heureux !
Alors, la voix dit pour la dernière fois :
– Ton souhait a été entendu, sois un tailleur de pierre, et sois vraiment heureux !

La montagne chaude

Texte : Marc-Antoine Popovitch • Illustrations : Gaëtan Evrard

Kitoun vivait avec sa mère
dans un petit village perdu, tout en haut de l'Himalaya.
Depuis quelque temps, il se passait
des choses étranges dans ce petit village...

Cet hiver-là, il faisait terriblement froid, dans le village de Kitoun.
Et on ne trouvait plus de bois mort pour chauffer les maisons.
Kitoun et sa mère grelottaient de froid. Pourtant, non loin de là, une épaisse fumée blanche s'échappait de la Montagne aux Démons.
Gramanh le sorcier prétendait que c'était le repère du diable aux pieds crochus, et qu'il ne fallait surtout pas s'en approcher. Surtout que de nombreux enfants avaient mystérieusement disparu, du côté de la terrible montagne...
Pourtant, un jour, Kitoun décida d'aller là-haut pour percer ce mystère.
Il partit donc un matin, avec sa luge, vers la Montagne aux Démons.

Il gravit la côte, malgré le vent glacial. Ses mains étaient gelées.
Vu d'en haut, le village paraissait minuscule à présent.
Arrivé au sommet de la montagne, Kitoun découvrit l'entrée d'une grotte.
Il s'avança timidement pour se protéger du vent.

Aussitôt, une douce chaleur l'enveloppa.
Il fit quelques pas, à tâtons dans le noir,
quand soudain, un filet lui tomba dessus.
Kitoun essaya de se débattre,
mais cela ne fit que le ficeler davantage.
Un bruit de pas se fit alors entendre.
Kitoun tressaillit : un démon aux pieds
crochus allait peut-être le dévorer ?
Soudain, Kitoun vit apparaître...
le sorcier Gramanh !
Gramanh éclata d'un rire mauvais :
– Kitoun ! En voilà une bonne surprise !
Je ne te croyais pas assez bête
pour venir jusqu'ici !
Gramanh le sorcier détacha Kitoun
et il le fit avancer au fond de la grotte.
Et là, ce que vit Kitoun le glaça d'effroi :
tous les enfants disparus du village
étaient là, prisonniers derrière une grille
en fer, à l'intérieur d'une immense caverne.
Ils faisaient chauffer un grand feu
sur lequel était posée une baignoire.
– Hé, hé, c'est pour mon bain du matin,
ricana Gramanh. Observe bien,
Kitoun, car maintenant, tes journées
se dérouleront ainsi, occupées
à me préparer des bains !
Et il montra à Kitoun la clé de la grille, accrochée à sa ceinture.
Puis, comme c'était l'heure de son bain, Gramanh s'éloigna pour se dévêtir,
car depuis toujours, il avait une peur effroyable : la peur d'être vu sans ses habits !
Un enfant s'approcha de Kitoun et il lui murmura à l'oreille :
– Sais-tu que chaque nuit, Gramanh nous oblige à aller ramasser du bois, dans le froid ?
Et nous devons être de retour avant que le soleil ne se lève, pour allumer le feu sous la baignoire !
Kitoun comprit d'un coup : voilà où disparaissait le bois, voilà l'explication de cette étrange fumée !
Gramanh revint en tenant très fort une serviette nouée autour de sa taille.
Il se glissa rapidement dans la baignoire pour ne pas être vu.
Il profita de son bon bain chaud. Puis il se sécha, il s'habilla,
il referma la grille à double tour et il sortit.

Kitoun et les autres enfants prisonniers
passaient ainsi tout leur temps,
travaillant nuit et jour.
Au bout d'une semaine,
une idée germa dans l'esprit de Kitoun.
Une nuit, il partit avec les enfants
chercher du bois, comme d'habitude.
Puis ils remplirent la baignoire d'eau,
et ils firent un grand feu.
Gramanh s'éloigna pour se changer,
puis il revint en tenant très fort
sa serviette nouée autour de la taille.
Il se glissa rapidement dans la baignoire.
Soudain, Kitoun se précipita,
il attrapa la serviette, il prit la clé,
et il partit comme un bolide ouvrir la grille.
Gramanh se leva en criant :
– Rends-moi ça ! prêt à se lancer à sa
poursuite.
Alors Kitoun se retourna et il se moqua :
– Oh, le tout nu ! Il est tout nu !
Gramanh tenta de se cacher
mais il se rassit aussitôt, rouge de honte.
Les enfants en profitèrent pour s'enfuir
et Kitoun enferma Gramanh dans la grotte.
Quand les enfants arrivèrent au village,
ils se jetèrent dans les bras de leurs parents.

Depuis ce jour, Gramanh vit seul,
au sommet de la Montagne aux Démons.
Il a bien trop peur des enfants
pour redescendre au village.
Et les enfants vivent heureux,
dans ce petit village perdu,
tout en haut de l'Himalaya !

Le tsar et la pomme d'or

Adaptation d'un conte russe : Marine Gérald • Illustrations : François Roudot

Il était une fois un tsar qui s'ennuyait.
Comme il aimait beaucoup les histoires,
un jour, il fit annoncer dans tout le pays
que celui qui lui raconterait une histoire impossible à croire
recevrait en récompense une pomme tout en or.
Mais il dit aussi que tous ceux qui échoueraient
seraient jetés en prison...
Quelques jours plus tard, un jeune homme se rendit au palais.
Il se présenta comme le meilleur conteur du pays.
Il venait de l'autre bout du royaume.
Il était fatigué, mais il était certain
de gagner la pomme d'or.

Il demanda donc à parler au tsar et il lui raconta son histoire :
– Dans mon pays très très loin d'ici, au-delà de la grande montagne,
là où il ne pleut jamais, vit un prince magnifique.
Toutes les nuits, ce prince s'envole dans le ciel.
Il va décrocher une étoile et il la plante dans le sol.
Alors chaque matin, quand les gens de mon pays se lèvent,
un nouvel arbre à étoiles est en train de pousser !
Quand le jeune homme eut fini, le tsar se dit que c'était vraiment une belle histoire.
Mais comme il ne voulait pas donner la pomme d'or et qu'il avait envie
d'entendre encore beaucoup d'autres histoires, il s'écria :
– Un arbre à étoiles ? Mais j'en ai déjà vu des centaines !
Ton histoire est tout à fait possible !
Le tsar fit alors appeler ses gardes et l'homme se retrouva en prison.

Un autre jour,
une vieille femme se présenta au palais.
Elle demanda à parler au tsar,
pour lui raconter une histoire incroyable :
– À des milliers de kilomètres sous la terre,
vivait un terrible dragon bleu.
Ce dragon était secrètement amoureux
de la princesse du royaume de Koulouki.
Toutes les nuits,
le dragon sortait de sa cachette,
et il allait admirer la princesse endormie.
Seulement un jour, la princesse l'aperçut
et elle eut si peur, elle cria si fort,
que le dragon fut paralysé par ses cris.
Il resta figé comme une statue.
Très fière de son histoire,
la vieille femme réclama la pomme d'or.
Mais le tsar haussa les épaules et il dit :
– Un dragon transformé en statue ?
Bien sûr que c'est possible !
J'en ai encore vu un hier !
Il fit appeler ses gardes.
Et la femme, elle aussi, fut mise en prison.

Ainsi, des gens vinrent de partout,
de la ville et de la campagne.
Tous demandaient à voir le tsar
pour lui raconter des histoires incroyables.
Mais à chaque histoire,
le tsar disait qu'elle était possible,
et tous se retrouvaient en prison.
Ainsi, le tsar ne donnait jamais la pomme d'or.
Et surtout, il était très heureux, car tous les jours,
il entendait de nouvelles histoires
et il ne s'ennuyait plus du tout.

Un soir, un jeune homme très pauvre et très mal vêtu se présenta au palais.
À la main, il tenait une cruche vide. Le pauvre homme s'inclina d'abord respectueusement devant le tsar. Puis, il montra sa cruche et il dit :
– Il y a des années, en plein hiver, mon père est venu te voir.
Comme tu manquais d'argent, il t'a prêté une cruche pleine de pièces d'or.
Tu avais promis de lui rendre son or. Je suis donc venu le chercher.
Le tsar se mit en colère :
– Qu'est-ce que tu racontes ? Ton père ne m'a jamais rien prêté ! C'est impossible !
Le pauvre homme répondit calmement :
– Eh bien, puisque tu dis que mon histoire est impossible à croire, tu dois me donner la pomme d'or !
Le tsar comprit alors la ruse du jeune homme. Il se reprit :
– Non, non, je te crois. Je me rappelle à présent : ton père m'a bien prêté une cruche pleine de pièces d'or !
– Alors si c'est vrai, dit le jeune homme, ordonne à tes serviteurs de remplir ma cruche avec l'or que tu me dois !
Sinon, si c'est impossible à croire, donne-moi la pomme d'or !
Le tsar se tut, puis il se mit à rire. Et il dit :
– Tu as gagné, je crois que tu as bien mérité la pomme d'or !
Je vais aussi libérer les prisonniers, mais à une seule condition : que chaque jour, l'un d'entre vous vienne me raconter une belle histoire !

Le jardin de Yanko

Texte : Matthieu de Laubier • Illustrations : Hélène Moreau

Là-bas, loin derrière les montagnes, vit Yanko le lutin. Yanko est très fier de son petit jardin. Dedans il y a des légumes, des fruits et mille espèces de fleurs. Yanko habite ici. Son petit jardin, c'est son pays à lui ! À côté, dans les collines, c'est le pays des lapins. De l'autre côté du jardin, dans la forêt, habite l'ours brun. On ne l'a jamais vu. Et puis il y a les oiseaux qui sont partout chez eux. Leur pays, c'est le ciel.

Aujourd'hui, Yanko est en colère. Depuis quelque temps, des inconnus viennent se servir dans son jardin. Lundi, quelqu'un a arraché trois carottes et une salade. Mardi, on a volé toutes les graines de giroflées. Et, pire, mercredi, quelqu'un a pris tout le miel de la ruche. Heureusement, Yanko est très malin : il n'a aucun mal à reconnaître les voleurs. Il suffit de regarder les traces... Trois petits ronds : c'est un lapin. Trois petits traits, c'est un oiseau. Et ces énormes traces, ce sont celles de l'ours. Yanko devient rouge de colère : – Ça ne va pas se passer comme ça ! Il fait une provision de tomates pourries, et — pan ! pan ! — il bombarde le premier lapin qui s'approche un peu trop, en criant : – Fiche le camp, voleur de carottes, ici c'est chez moi ! Puis Yanko prend son lance-pierres. Il lance un caillou au premier oiseau qui survole le jardin : pan ! Dans les ailes ! Et Yanko crie de plus en plus fort :
– Va voler ailleurs, vilain voleur, ici c'est chez moi !

Mais voici qu'arrive la nuit.
Or c'est toujours la nuit que l'ours des bois sort pour le dîner.
Yanko se dit : « Il peut venir le gros ours, je n'ai pas peur !
Il va voir ce que Yanko peut faire quand Yanko est en colère. »
Il fait un gros tas de pommes bien dures pour lui envoyer dans la figure. Et il attend…

Yanko n'attend pas longtemps. Bientôt, il entend le sol qui tremble sous les pas de l'ours. Yanko tremble aussi, mais il se dit :
« Je n'ai pas pe… pe… peur, je suis cou… cou… courageux. »
Tout à coup, un bruit formidable retentit, qui fait résonner la forêt et roule sur les collines comme le tonnerre.
Cette fois, Yanko est si terrifié qu'il tombe évanoui dans son tas de pommes.
L'ours est là. Il a une grosse écharpe autour du cou et une goutte qui pendouille au bout de son museau. C'est qu'il vient juste d'éternuer. Il est très enrhumé.
Lorsque l'ours voit que Yanko est tombé dans les pommes, il le prend dans ses bras et il chante :
– Réveille-toi, petit bonhomme, j'ai besoin de toi.
Donne-moi un peu de miel pour soigner mon gros rhume.

Tous les animaux se sont rassemblés pour voir Yanko dans les bras de l'ours.
Yanko ouvre les yeux et il se dit : « Comment ? Je suis encore en vie ? L'ours ne m'a pas dévoré ! » Puis soudain il se remet en colère et il crie :
– Ici c'est chez moi, rien que chez moi, vous n'avez pas le droit d'y mettre vos sales pattes !
Alors les lapins, les oiseaux et le gros ours disent d'une seule voix :
– Il y en a plus qu'assez de ton sale caractère.
C'est vrai qu'on a volé, mais on pourrait s'arranger !
Yanko est surpris. Il réfléchit puis il dit :
– Bon d'accord, j'ai une idée : vous les lapins, je vous propose d'être gardiens du potager.
Vous les oiseaux, avec votre long bec, vous pourrez planter les graines.
Quant à toi, gros ours, si tu étais chef de la ruche ?
En échange, vous pourrez tous prendre un peu de récolte.
Les animaux s'écrient : – Bonne idée ! Mais toi, Yanko, que feras-tu ?
Yanko dit : – Moi ? J'arroserai les fleurs... J'irai me promener avec toi dans ta forêt, gros ours. J'irai jouer au chat avec vous, mes copains lapins.
Je chanterai avec vous, amis oiseaux. Maintenant que je vous connais, j'en ai vraiment assez de rester tout seul enfermé dans mon petit jardin !

Un tout petit gland

Texte : Catherine de Lasa • Illustrations : Rocio Martinez

Par une chaude et belle après-midi,
la belette faisait tranquillement la sieste,
à l'ombre du grand chêne, quand soudain…

Bing ! Un tout petit gland lui tombe sur le nez.
La belette se réveille en sursaut,
elle pense que quelque chose de terrible vient de se passer !
Elle s'enfuit à toutes pattes. Sur son chemin,
elle rencontre la souris des champs. Elle lui dit :
– Oh là là ! C'est terrible, horrible, affreux !
– Que s'est-il passé ? demande la souris des champs, tout effrayée.
La belette lui répond :
– Je faisais tranquillement la sieste, là-bas, sous le grand chêne,
quand soudain... une branche énorme m'est tombée sur la tête !

Aussitôt, la souris des champs part annoncer la nouvelle à son tour.
Sur son chemin, elle rencontre deux lapins. Elle leur dit :
– Oh là là ! C'est terrible, horrible, affreux !
– Que s'est-il passé ? demandent les lapins tout effrayés.
La souris des champs leur répond :
– La belette faisait tranquillement la sieste, là-bas, sous le grand chêne, quand soudain... un arbre s'est effondré sur elle !

Aussitôt, les deux lapins partent
annoncer la nouvelle à leur tour.
Sur leur chemin,
ils rencontrent un écureuil.
Ils lui disent :
– Oh là là ! C'est terrible,
horrible, affreux !
– Que s'est-il passé ?
demande l'écureuil
tout effrayé.
Les deux lapins lui répondent :
– La belette faisait
tranquillement la sieste,
là-bas, sous le grand chêne,
quand soudain...
la moitié des arbres de la forêt
s'est effondrée sur elle !
Aussitôt, l'écureuil part
annoncer la nouvelle
à son tour.
Il dit à tous ceux qu'il rencontre :
– Oh là là !
C'est terrible, horrible, affreux !
La belette faisait tranquillement
la sieste, là-bas, sous le grand
chêne, quand soudain…
tous les arbres de la forêt
se sont effondrés sur elle !
C'est la fin du monde !

Et les animaux partent
dans toutes les directions.
Seul le lutin reste tranquille.
Il se dit :
– Il faut que j'aille voir tout ça.

Il trouve tous les arbres
debout sur leurs pieds.
Mais sous le grand chêne,
un petit gland est tombé par terre.
Le lutin le ramasse
et il va le planter un peu plus loin.
Puis il se fait une trompette
avec une feuille. Il monte à cheval
sur une hirondelle.
Et il part annoncer
à tous les animaux de la forêt :
– Ah, mes amis ! Venez, venez vite !
Apportez des boissons, des provisions !
Je vous annonce une grande nouvelle :
ce ne sont pas les arbres de la forêt
qui sont tombés, mais juste
un tout petit gland !
Je l'ai ramassé, je l'ai planté…
Un petit arbre va bientôt pousser !

L'éléphant qui fait « bzzzzz »

Texte : Florence Langlois • Illustrations : Ingrid Godon

Henri l'éléphant gris, c'est le roi de la savane.
C'est lui qui le dit, et personne n'a envie de le contredire.
Quand Henri l'éléphant gris se promène dans la savane,
la savane tremble sous ses pieds.
Quand Henri l'éléphant gris boit au point d'eau,
tous les animaux attendent qu'il ait fini.
Quand Henri l'éléphant gris dort sous un baobab,
la savane tout entière se tait !
Mais un jour, alors qu'Henri dort,
un petit « bzzz » se fait entendre…
Les animaux se regardent très étonnés.

Qui ose troubler la sieste d'Henri, le roi de la savane ?
Qui est assez fou pour le mettre en colère ?
C'est une mouche ! Toute petite, toute noire,
elle vole autour d'Henri…
Elle se pose sur son ventre, elle se pose sur sa trompe,
et « bzzzzz »… elle disparaît dans sa bouche.
Henri se réveille en sursaut. Il y a quelque chose qui le chatouille.
Il se racle la gorge, il tousse. Il boit un peu d'eau.
Hélas, le « guili » au fond de sa gorge est toujours là.
Alors Henri se fâche ! Il ouvre grand la bouche…
Tous les animaux se bouchent les oreilles.
Mais cette fois, ce n'est pas un gros barrissement
qui sort de la bouche d'Henri,
non, non, non, c'est un tout petit « bzzzzzzzzzzzzzzz ».

Henri recommence, il ouvre grand la bouche,
il prend plein d'air dans ses joues,
il se gonfle et… « bzzzzz ». Il n'en revient pas !
Est-ce qu'un éléphant qui fait « bzzzzz »
doucement, peut être un grand roi ?
Henri ne sait pas. Maintenant,
Henri n'ose plus rien dire
quand les autres animaux boivent en même temps que lui.
Henri n'ose plus rien dire
quand les autres animaux mangent ses feuilles préférées.
Il se sent ridicule, quand il fait « bzzzzz ».
Il ne fait même plus la sieste.
Il est fatigué, il a des cernes sous les yeux.
Au début, tous les animaux trouvent ça drôlement bien,
ce gros éléphant qui se tait enfin.
Ils rient même beaucoup.
Ils n'ont plus peur des colères d'Henri.
Ils n'ont plus peur de ce roi bruyant et encombrant.
D'ailleurs, ce n'est plus tellement un roi,
mais plutôt un éléphant tout seul qui leur fait de la peine.

Alors les animaux se réunissent
et ils lui proposent de l'aide.
Et Henri l'éléphant gris,
le roi de la savane, dit « OUI ! »
Ou plus exactement il dit « bzzzzz »
et ça veut dire oui.
Le singe prend la main du lion
qui prend la queue de la girafe,
qui aide le zèbre à ouvrir la bouche d'Henri,
pendant qu'un tout petit oiseau descend, descend,
loin, loin dans la gorge d'Henri,
pour chasser enfin la mouche étourdie.
Henri barrit et il rit. Il a compris
qu'on pouvait être un grand roi
sans faire peur à tout le monde…

Piquebobine du Bois Joli

Texte : Catherine Metzmeyer • Illustrations : Irène Schoch

Piquebobine du Bois Joli, en bonnet et chemise de nuit, est assise au bord de son lit.
Comme tous les soirs, elle remonte son vieux réveil.
Quand, cric crac, un ressort éclate. Piquebobine s'écrie :
– Catastrophe ! Mon réveil est cassé ! Mais qui va me réveiller ?
Car demain, à midi, la robe de mariée de mademoiselle Crapenaude doit être terminée !
Soudain, Piquebobine a une idée…
Une bougie à la main, elle court dans sa cuisine.
Elle ouvre son armoire, elle prend des graines et du miel.
Elle ouvre ses tiroirs et elle prend son pinceau.

Piquebobine retourne dans sa chambre,
elle ouvre grand sa fenêtre, et avec son pinceau,
elle badigeonne les carreaux de miel.
Puis, délicatement, elle colle une à une les graines.
Piquebobine a bientôt fini et elle va pouvoir retrouver son lit.
Comme il va faire bon dormir au chaud !
Le lendemain matin… Toc toc toc ! Mais qui tapote sur les carreaux ?
Ce sont les oiseaux qui se régalent des graines toutes sucrées.
Piquebobine s'étire et elle s'écrie :
– Merci les oiseaux de m'avoir réveillée !
Ah, quelle bonne idée j'ai eue de vous donner à manger !
Maintenant, je peux terminer la robe de mariée
de mademoiselle Crapenaude sans me presser !

Gare aux escargots !

Texte : Michel Piquemal • Illustrations : Emilio Urberuaga

Il y a très très longtemps, les escargots n'étaient pas comme ils sont aujourd'hui.
Ils n'avançaient pas doucement, doucement, mais au contraire, ils fonçaient comme des bolides.
C'était très ennuyeux pour les autres bêtes ! Quand un lapin voulait traverser un chemin,
il devait s'avancer prudemment, regarder à droite et à gauche,
puis traverser d'un saut. Sinon, gare aux escargots !
Quand un mouton voulait boire un peu d'eau, il ne devait pas s'attarder,
car les escargots adoraient faire du surf au fil de l'eau.
Et s'ils passaient un peu trop près, notre mouton était trempé !

C'était un vrai désastre pour les champs et les prés.
Les escargots passaient leur vie à organiser des rallyes.
Ils filaient à toute vapeur, semant la terreur parmi les épis.
Ils fonçaient en baissant la tête, les cornes en avant, comme des vachettes.
Et quand leur tornade avait disparu, des épis dorés, il n'y en avait plus !
C'était une vraie catastrophe pour les éléphants.
Il suffisait d'un escargot pour renverser tout un troupeau.
Il zigzaguait entre leurs pattes… les grosses bêtes s'affolaient :
elles se dressaient la trompe en l'air et finissaient sur le derrière !
Les escargots comptaient les points.
Ils se croyaient au jeu de quilles, et pour chaque éléphant par terre,
ils marquaient une croix sur leur coquille !

Tout le monde se plaignait d'eux auprès du Grand Dragon Bleu qui commandait alors la terre.
Mais celui-ci ne faisait rien. À son idée, tout allait bien.
Les poissons nageaient, les oiseaux volaient, les escargots fonçaient...
Depuis toujours, c'était ainsi ! Pourquoi vouloir changer la vie ?

Mais un jour que le Grand Dragon Bleu visitait son domaine, assis sur son trône roulant, tiré par cent zébus, deux escargots se poursuivant vinrent semer la panique parmi la royale clique.
Les zébus prirent le galop et le chariot se renversa. Le Grand Dragon Bleu dégringola et alla s'asseoir en tombant... les deux fesses sur un volcan !
Quand il se releva, le poil roussi sur son derrière, il se mit à crier, à hurler de colère :
– À partir de maintenant, et pour deux cent mille ans, je condamne les escargots... à être, de tous les animaux, les plus lents des plus lents !

Depuis, les escargots sont mous !
Ils se traînent, tout doux, tout doux.
Du moins, la plupart d'entre eux...
car certains n'ont pas obéi
et ils continuent à foncer.
Si on ne les voit jamais, c'est parce qu'ils vont
très très vite, plus vite qu'un ouragan !
Mais ils nous créent bien des tourments...
Quand vous glissez en pleine rue et que vous tombez par terre,
c'est la faute d'un escargot qui vient de passer ventre à terre !
Quand vous lisez dans les journaux qu'une maison s'est écroulée, ce sont encore les escargots !
Et quand tous les coureurs cyclistes se carambolent sur la piste,
à qui croyez-vous que ce soit dû ?
Par la barbe de ma verrue, aux escargots gras et cornus !

L'oie a reçu un paquet

Texte : Anne-Marie Abitan • Illustrations : Yves Calarnou

L'oie dit un jour à ses amis :
– Ma cousine l'oie sauvage m'a promis de m'envoyer un paquet aux premiers jours du printemps.
Bientôt, les animaux de la ferme ne parlent plus que de cela.
Chacun essaie de deviner ce que contient le paquet.
– C'est peut-être un sac de blé doré, dit le coq.
– C'est plutôt un pull bien chaud, dit le mouton.
– C'est sûrement une boîte de champignons, dit le cochon.
Le dindon dit : – Attendons ! Aujourd'hui, c'est le printemps.
Mais le facteur passe et ne s'arrête pas.
Les jours suivants, toujours rien. Un matin, le coq s'écrie soudain :
– Qu'est-ce qu'il y a là-haut ? Qu'est-ce qu'il y a là-haut ?
Dans le ciel, un parachute descend lentement.
Au bout des cordes se balance un petit paquet.
– Le paquêêêt ! Le paquêêêt ! bêle le mouton.
Ils courent tous à droite, à gauche. Car le vent pousse le parachute d'un côté, de l'autre.
Aïe ! Le parachute s'éloigne ! Le vent l'entraîne vers la forêt…
Les animaux se sont arrêtés tout net devant le portail de la ferme.
Le coq déclare : – Je vais aller dans la forêt, il n'y a pas d'autre solution.
Le mouton dit : – C'est imprudent. Et si le loup te mange ?
Le cochon dit : – C'est risqué. Et si le sanglier t'envoie des coups de dents ?
Le dindon dit : – Et puis c'est défendu !
Sans compter que les épines te grifferont les pattes !
Alors l'oie propose :
– Allons-y tous ensemble !
Et bientôt, ils franchissent tous le portail, à la queue leu leu.

Devant marche le coq, suivi du cochon. Puis viennent le mouton et le dindon.
L'oie marche la dernière. Ils traversent le grand pré. Ils entrent dans la forêt.
Ils ne sont pas rassurés, jamais ils ne sont allés aussi loin. L'oie demande sans cesse au coq :
– Tu vois quoi ? Tu vois quoi ?
Rien ! Pas le moindre parachute, ni le plus petit paquet. Et tournent et virent...
Les voilà qui repassent dans les mêmes endroits. Jusqu'à ce que le dindon,
se dandinant, dise : – Nous sommes un peu perdus !
L'oie se met à pleurer : – On n'aurait pas dû partir si loin de la ferme !
– Calme-toi, dit le cochon, le coq a le sens de l'orientation, il saura bien nous tirer d'affaire.
Le coq, flatté, vole sur un marronnier. En équilibre au sommet, il tourne dans le sens du vent.
– Que c'est beau ! Que c'est beau ! chante-t-il.
Les autres aimeraient bien voir eux aussi. L'oie, en trois coups d'ailes, a rejoint le coq
au sommet. Le dindon arrive bientôt. Le cochon a du mal, il grimpe sur une grosse branche
et il tend la patte au mouton. Les voilà tous en haut !
– Je ne vois pas mon paquet ! dit l'oie.
– On ne voit même pas la ferme ! soupire le mouton.
Mais bientôt, tous s'écrient : – C'est vraiment très beau !
Soudain, le coq s'exclame : – Le paquet ! Il est là-haut ! Il est là-haut !
Le parachute est accroché, tout emberlificoté, à une branche du grand frêne d'à côté.

Les animaux se précipitent.
Ils secouent les branches.
Enfin, le paquet tombe.
– Qu'est-ce que c'est ? Qu'est-ce que c'est ?
cacarde l'oie.
Dans une boîte, sur des plumes blanches,
ils trouvent une boussole. Et une lettre :

Viens passer l'été avec moi,
dans les pays froids.
Il faut sortir un peu de chez toi !
Je t'envoie une boussole
pour que tu ne te perdes pas.
À bientôt. Je t'embrasse.
Ta cousine, l'oie sauvage.

Le coq a pris la boussole.
Le nord est par ici, la ferme est par là.
Les animaux retrouvent le chemin à la lueur de la lune.
Ils sont contents de rentrer…
Mais chacun pense : « J'aimerais bien repartir ! »
Soudain, l'oie propose :
– Et si on allait tous ensemble
passer l'été chez ma cousine ?

L'épouvantâne

Texte d'après une fable persane : Claire Jobert • Illustrations : Yves Calarnou

Un vieil âne maltraité par son maître
décida un jour de s'enfuir.
Il en avait assez d'être battu,
de porter de lourds fardeaux
et de manger du vieux foin.
Il quitta donc un matin son étable
pour aller vivre dans la forêt.
Ravi d'être libre, l'âne se mit à gambader,
broutant l'herbe tendre des fourrés.
Mais il ne savait pas encore que la forêt si belle
est pleine de mille dangers...
Soudain, il entendit le rugissement d'un lion
et il s'arrêta, terrorisé.
« Qui est cet animal terrifiant ? » se demanda-t-il.
Le lion s'approchait de lui, gueule ouverte,
prêt à lui sauter dessus pour n'en faire qu'une bouchée.
« Que faire ? » se dit l'âne en tremblant.

Soudain, dans sa frayeur, l'âne eut une idée.
« Je ne peux ni me défendre, ni fuir, se dit-il.
Et si je faisais du bruit, moi aussi ? »
Il se mit donc à braire de toutes ses forces.
Le lion, qui n'avait jamais vu d'âne
et qui ne s'attendait pas du tout à cela, s'affola.
« Qui est cet animal qui n'a pas peur de moi ?
se demanda-t-il. Quelle voix terrifiante !
Et ces grandes oreilles ! Et cette gueule pleine de dents ! »
– Je suis l'épouvantâne
et voici MA forêt ! hurla l'âne.
Que je ne te revoie plus jamais par ici !
Sinon, je te croquerai tout cru !
Terrorisé, le lion prit ses pattes à son cou.
L'âne fit semblant de le poursuivre un peu,
puis il s'arrêta en criant :
– Tu as de la chance que je sois fatigué !
Mais méfie-toi !
Si mes serviteurs te trouvent par ici,
ils te ramèneront à moi !

Après avoir longtemps couru sans se retourner,
le lion en fuite rencontra un renard.
– Ô Roi de la forêt ! Où cours-tu donc ainsi ?
demanda le renard étonné.
– Je suis poursuivi par un terrible épouvantâne !
s'écria le lion essoufflé.
Et il décrivit le vieil âne au renard.
– Peuh ! se moqua le renard,
ce n'est qu'un pauvre âne sans défense !
Chassons-le ensemble, nous partagerons ses restes.
Mais le renard avait beau dire,
le lion ne voulait pas le croire.
– Comment puis-je être sûr que tu ne t'enfuiras pas ? demanda le lion.
– Eh bien, nouons nos queues ensemble, proposa le renard.
Tu seras ainsi sûr que je ne te quitterai pas.

L'âne, lui, était en train de se dire : « Je l'ai échappé belle ! »
quand il vit le lion revenir à pas lents, accompagné du renard.
Il comprit le danger et il rassembla son courage.
Que dire ? Que faire ?
Soudain, il eut une idée :
– Bravo, Renard ! s'écria-t-il.
Tu as fait ton devoir en ramenant ce fuyard.
Je vais sur-le-champ le dévorer tout cru !
Et comme promis, bien sûr, je te laisserai ses intestins...
Le lion crut alors que le renard l'avait trompé.
– Vilain menteur ! cria-t-il au renard.

L'âne poussa un puissant braiment,
alors le lion s'enfuit,
traînant derrière lui dans sa course
le malheureux renard attaché à sa queue !

Le lion qui ne pouvait plus sentir sa lionne

Texte : Jean-Pierre Kerloc'h • Illustrations : Rémi Saillard

Ce matin-là, le roi Lion et Dame Lionne se promenaient majestueusement le long d'une rivière. Soudain, le lion se tourna vers la lionne.
– Madame, j'ai quelque chose de sérieux à vous dire.
La lionne s'arrêta et regarda le lion.
– Madame, je ne peux plus vous sentir. Je vais vous quitter.

La lionne s'arrêta fort étonnée :
– Vous ne pouvez plus me sentir ! Mais pourquoi ?
– Parce que vous ne sentez pas bon, tout simplement.
– Ah bon ! Je ne sens pas bon ?
– Je dirais même plus, Madame, vous sentez mauvais.
– Mais, si je sentais mauvais, je l'aurais bien senti !
Et puis, personne ne me l'a jamais dit.

À ce moment, ils aperçurent une chèvre, une dinde et un singe qui venaient boire à la rivière.
– Nous allons demander à ces trois-là, dit le lion.
Dès qu'ils virent les deux fauves s'approcher d'eux, la chèvre, la dinde et le singe essayèrent de se sauver à toutes pattes.

– N'ayez pas peur, leur dit le lion.
On ne vous mangera pas.
Nous voulons seulement avoir votre avis.
Moi, j'affirme que cette lionne sent mauvais.
Elle, elle prétend le contraire.
Chacun à votre tour, vous allez la sentir
et nous dire si elle sent mauvais, oui ou non.
On commença par la chèvre.
Tout le monde sait que la chèvre sent très fort.
Elle était tellement habituée à vivre
avec son odeur puante qu'elle trouva
que la lionne ne sentait pas mauvais du tout.
– Alors ? demanda le lion.
– Non ! Madame la lionne ne sent pas mauvais,
répondit la chèvre. À ces mots,
le lion poussa un énorme rugissement.
– Quoi-quoi-quoi ?
Espèce de vieille bique !
Tu oses contredire ton roi ?
Le lion se jeta sur elle et…
Gloumps ! Il l'avala toute crue.

C'était maintenant au tour de la dinde.
Tout le monde sait que la cervelle d'une dinde
n'est pas plus grosse que deux petits pois.
Elle se dit qu'il lui fallait être du même avis
que le lion. Elle s'approcha de la lionne
en se bouchant le bec.
Puis elle l'ouvrit et elle dit :
– Sire le roi, vous avez raison.
C'est sûr, Madame la lionne sent mauvais.
À ces mots, la lionne poussa un énorme
rugissement.
– Quoi-quoi-quoi ? Pauvre dinde !
Tu oses insulter ta reine ?
La lionne se jeta sur elle et...
Couic ! Elle l'avala toute crue.

Le singe attendait son tour en tremblant.
– Comment faire ? se disait-il. Si je dis qu'elle sent bon, il me mange.
Si je dis qu'elle pue, elle me tue. Il lui fallait vite trouver une idée.
Alors, il prit son temps. Il s'approcha de la lionne sans se presser. Il la sentit par-devant.
La sentit par-derrière. Par-dessus. Par-dessous. À droite, à gauche, au milieu, de près, de loin…
Enfin, il trouva une idée. Il continua à flairer, renifler, puis il se mit à tousser et à éternuer.
Il recula de quelques pas, leva les yeux vers le lion, vers la lionne.
– Hélas, gra lio ! Hélas, badabe la liode ! Je suis balade, je suis très arhubé,
je de peux ria satir avec bo dez bouché. Je suis vraiba désolé.
– Pauvre petit singe, répondit le lion, rentre vite chez toi te mettre au chaud !
Notre singe ne se le fit pas dire deux fois.
Il fila à toute allure, content d'avoir sauvé sa peau grâce à sa ruse.
Car, bien sûr, il n'était pas enrhumé du tout.

Le lion se tourna vers la lionne :
– Comment faire maintenant ? demanda-t-il.
– C'est très simple, Monsieur le roi. C'est moi qui vais vous quitter.
Parce que c'est vous qui sentez mauvais !
– Impossible. Un lion ne sent jamais mauvais.
De toute façon, une lionne n'a pas le droit de quitter son lion.
– Vous allez voir si je ne peux pas vous quitter !
Elle courut et plongea dans la rivière.
Furieux, le lion la suivit et plongea à son tour.
Ils s'éclaboussèrent, barbotèrent un moment,
puis ils nagèrent jusqu'à l'autre bord de la rivière.
Tout essoufflés, ils s'allongèrentsur la rive pour se réchauffer au soleil.
Quand ils furent bien secs, le roi Lion se pencha vers la reine.
– C'est drôle, maintenant, vous sentez bon !
– C'est très drôle, vous aussi, vous sentez bon ! répondit-elle.
Et les voilà repartis ensemble, en se promettant
de prendre désormais un bon bain tous les matins !

Des provisions pour l'hiver

Texte : Sophie Couder • Illustrations : Javier Lobato

C'est bientôt l'hiver. Tout seul chez lui, en haut du chêne,
Vieux-Hibou trouve qu'il ne fait pas chaud.
Juste en dessous, pour oublier le froid,
P'tit-Écureuil n'en finit pas de compter ses noisettes :
« trente-sept, trente-huit, trente-neuf… quarante ! »
Et, fièrement, il pose la quarantième noisette tout en haut du tas.
Mais… bim, bam, badam, elle tombe et elle dégringole jusqu'en bas de l'arbre !
En cinq petits sauts, P'tit-Écureuil est au pied de l'arbre.

Il fouille, farfouille, trifouille sous les feuilles.
Il met tellement de bazar que Monsieur Hérisson sort d'un buisson tout grognon :
– Que faites-vous devant ma maison ? demande-t-il.
– J'ai perdu ma quarantième noisette, dit P'tit-Écureuil.
Sans elle, ma réserve pour l'hiver n'est pas complète.
– Quarante noisettes ? C'est beaucoup pour un seul écureuil ! dit le hérisson.
Vous avez pris toutes les noisettes du quartier sans nous en laisser !
P'tit-Écureuil ne l'écoute plus, il vient de découvrir sa noisette
sous une feuille à sept dents, et c'est le plus important.
De retour chez lui, P'tit-Écureuil compte et recompte ses noisettes…
« Zut, zut et trois fois zut ! Il manque deux noisettes maintenant. C'est énervant ! »
Il cherche partout, mais il ne trouve rien du tout.

Alors, il va voir dehors. Mais… vlan ! Un coup de vent le pousse en avant.
Et… Poum ! Il tombe de l'arbre.
– Aïe, aïe, aïe ! Je me suis cassé les quatre pattes ! gémit P'tit-Écureuil.
La famille Hérisson sort de sa maison et découvre P'tit-Écureuil sens dessus dessous.
Il n'est pas si blessé, mais il a quand même trois bosses et six bleus.
– Gardons-le à la maison quelques jours, jusqu'à ce qu'il aille mieux, dit Maman Hérisson.

P'tit-Écureuil est choyé, bichonné sans compter.
Il a trois tartines au déjeuner, et deux au goûter.
Tout le monde s'occupe de lui, même Papa Hérisson. P'tit-Écureuil sent alors quelque chose de tout doux remplir son cœur et le réchauffer. Mais qu'est-ce que c'est ?
– C'est du bonheur ! dit un des petits hérissons.
– Ça se compte comment ? demande P'tit-Écureuil.
– Ça ne se compte pas ! répond le papa.

P'tit-Écureuil continue :
– Et comment ça pousse le bonheur ?
– Ça pousse tout seul ! répond la maman.
Au bout de huit jours, l'écureuil n'a plus ni bosse ni bleu.
Il remonte chez lui, avec du bonheur plein le cœur. Son tas de noisettes lui paraît alors bien gros. Il le partage en deux et il dit :
– Un gros tas pour les hérissons qui sont si nombreux.
Et pour moi… un petit tas, ça suffira !

Aglagla… Aglagla… Au-dessus, Vieux-Hibou a de plus en plus froid.
En trois petits sauts, P'tit-Écureuil le rejoint.
– Viens chez moi, j'ai une provision de bonheur grosse comme ça,
dit P'tit-Écureuil en écartant ses deux bras. Et tu verras, ça tient bien chaud.
– Tu en as assez pour deux ? demande Vieux-Hibou.
– Le bonheur, quand il y en a pour un, il y en a pour plein ! répond P'tit-Écureuil.
Vieux-Hibou est soulagé et déjà un peu réchauffé. Une provision de bonheur,
quelle bonne idée pour passer un hiver bien au chaud ! Dire qu'il n'y avait jamais pensé !

Lili kangourou n'aime pas les petits pois !

Texte : Martine Gaudillat • Illustrations : Sally Hobson

Un jour, maman kangourou donne à sa fille, Lili kangourou, des petits pois pour son déjeuner. L' ennui, c'est que Lili kangourou n'aime pas du tout les petits pois.

Elle se fâche, elle s'énerve, puis elle se met à bouder.
Si bien que sa maman la laisse finir ses petits pois toute seule.
Tout à coup, Lili kangourou a une bonne idée :
avec sa patte, elle ouvre bien grand la poche de son ventre,
et avec l'autre patte, hop ! elle glisse des petits pois dedans.
Puis elle sort de table en disant bien fort :
– Ça y est, maman, j'ai fini !

Le soir, papa kangourou rentre du travail,
et il s'amuse avec sa fille :
il l'attrape et, hop là ! hop là !
il la lance en l'air.

D'habitude, cela amuse beaucoup
Lili kangourou.
Mais, ce soir, elle ne rit
pas du tout, et elle tient à deux mains
la poche de son ventre.

Soudain, une pluie de petites boules vertes tombe sur la tête et les épaules de papa kangourou, qui se met à rire aux éclats, et qui dit avec un air coquin à Lili kangourou :
– Ah ! je comprends, tu voulais garder des petits pois pour le dîner !

Sébastien le lutin

Texte : Catherine de Lasa • Illustrations : Isabel Pin

Depuis quelque temps, il y a beaucoup d'orages et de pluie au pays des lutins : tous les arbres sont arrachés, les champs de radis sont inondés, les rivières débordent...
Si cela continue, on court à la catastrophe : le pays des lutins risque d'être enseveli sous la pluie !

Plic ne sait plus quoi faire,
car Plic est un petit lutin qui ne vit pas
au pays des lutins.
Il vit dans la chambre de Sébastien...
Quand Sébastien est de bonne humeur
et qu'il rit, vite, Plic attrape les rires de Sébastien
et il va les lancer sur le pays des lutins.
Les rires deviennent des rayons de soleil.
Les lutins sortent de leur maison,
certains partent à la plage,
d'autres vont pique-niquer,
d'autres encore filent dans les champs
récolter les radis.

Quand Sébastien est de mauvaise humeur et qu'il s'énerve, vite, Plic attrape la colère de Sébastien et il va la lancer sur le pays des lutins.
Cela fait un gros orage.
Les lutins sont ravis : leurs champs de radis ont tellement besoin de pluie !
Bref, Plic est chargé de la pluie et du beau temps.
Ainsi, au pays des lutins, chaque matin, les lutins attendent l'arrivée de Plic avec impatience, pour savoir s'ils doivent récolter leurs radis ou sortir leur parapluie.

Depuis quelque temps donc, Plic est très inquiet,
car Sébastien s'est disputé avec son copain François,
et il n'y a plus que des colères et des larmes dans sa chambre.
Alors, chaque jour, Plic n'a que de la pluie et des orages
à jeter sur le pays des lutins. Et bientôt, c'est terrible,
une véritable tempête s'abat sur le pays des lutins :
les maisons et les routes sont inondées, les champs sont ravagés,
et les lutins risquent de se noyer ! Les lutins veulent du soleil.
Plic n'a plus le choix, il faut qu'il trouve une solution.
Il sort faire un petit tour pour réfléchir, et par hasard, il passe devant
la maison de François...

Soudain, Plic a une idée !
Il retire son chapeau,
il se gratte trois fois derrière l'oreille,
il marmonne une drôle de formulette :
– Dzoing, dzoing,
zéphir et clair obscur,
clarté désintégrée,
interruptus nocturnuctus...
Tout à coup, c'est le noir complet.
Dans la maison de François,
il n'y a plus d'électricité,
il fait tout noir !

La maman de François l'envoie vite
chercher des bougies chez Sébastien.
François n'a aucune envie d'aller
chez Sébastien, ce n'est plus son copain !
Mais il n'a pas le choix, alors il y va.
François sonne, et justement...
c'est Sébastien qui lui ouvre !
François demande des bougies
puis il suit Sébastien dans la cuisine.

Caché dans un coin, Plic attend, inquiet :
pourvu que tout se passe comme prévu !
Sébastien grimpe sur l'escabeau...
On entend un drôle de chuchotement :
– Dzoing, dzoing, hauteur et altitude,
dégringolade et rigolade, patatras !
Soudain, l'escabeau tremble,
Sébastien lâche les bougies
qui atterrissent sur la tête de François !
Sébastien et François se regardent et...
ils éclatent de rire !
Vite, Plic attrape le rire des deux copains,
il court le jeter sur le pays des lutins,
et cela fait de magnifiques
rayons de soleil !
Ouf, le pays des lutins est sauvé !

Depuis que Sébastien et François
se sont réconciliés, comme tous les amis,
parfois ils rient, parfois ils se disputent,
et les lutins sont ravis :
cela fait juste assez de pluie et de soleil
pour faire pousser leurs radis !

La maison aux mille fenêtres

Texte : Bertrand Fichou • Illustrations : Hélène Moreau

La nuit est tombée sur la montagne.
Là-haut se dresse la maison aux mille fenètres.
Mille fenêtres ! Pas une de moins !
C'est Monsieur Edgar qui l'a construite.
Il voulait habiter loin de tout, sans personne pour l'embêter.

Monsieur Edgar a réussi : personne ne l'embête.
Mais le soir, il n'arrive pas à s'endormir.
Pendant des heures, il pense : « Je ne suis pas assez fatigué.
Je ne fais rien de mes journées ! Et puis, en vérité, je m'ennuie... »
Un matin, Monsieur Edgar a une idée :
il décide d'ouvrir ses mille fenêtres pour respirer le bon air de la montagne.
Ça l'occupera bien la matinée. Une fenêtre, deux fenêtres,
cent fenêtres... mille fenêtres !

À midi, il a réussi.
Monsieur Edgar est ravi.
Il déjeune en respirant les parfums de fleurs
qui traversent sa maison.
Mais déjà, il doit refermer ses mille fenêtres.
Il en a pour l'après-midi ! Et une, et deux, et trois, et quatre...
Quand il a terminé, il est déjà minuit. Monsieur Edgar est ravi.
Il se dit :
« Aujourd'hui, je ne me suis pas ennuyé ! Maintenant, chaque jour,
j'ouvrirai et je fermerai mes mille fenêtres. »
Et il s'endort comme une pierre.
Mais il a oublié de refermer la lucarne de l'escalier...

Un lutin de la montagne passe par là. Il entre par la lucarne ouverte et...
Mmmm ! Il trouve qu'il fait bien chaud dans cette maison ! Il s'endort sur un canapé.
Au matin, Monsieur Edgar se lève, et il découvre le lutin endormi...
dans SA maison ! Alors il le gronde pendant une heure.
Ensuite, évidemment, il est en retard pour ouvrir ses fenêtres !
Le lutin dit :
– Pour me faire pardonner, je peux vous aider...
– Marché conclu ! dit Monsieur Edgar.
Et tous les deux, ils se mettent à ouvrir les mille fenêtres.
À midi, ils ont fini. Monsieur Edgar est ravi. Il dit :
– Cher lutin, je vous invite à déjeuner.
Ils s'installent autour d'un plat de purée, et le lutin raconte sa vie.
Monsieur Edgar n'a jamais entendu une histoire aussi passionnante.
Mais tout à coup, Monsieur Edgar fait un bond :
– Ho là là ! Il est tard. Nous avons trop discuté ! Comment fermer mes mille fenêtres avant la nuit ?
– Je peux encore vous aider..., dit le lutin. Et quand la nuit tombe,
les mille fenêtres sont refermées. Monsieur Edgar propose alors au lutin :
– Revenez me voir.
– D'accord, dit le lutin. Je reviendrai demain et je vous apporterai même une surprise...
– Bon, dit Monsieur Edgar. À demain !

Le lendemain matin, toc ! toc ! toc ! le lutin revient... avec tous ses amis !
– Bonjour Monsieur Edgar ! crient-ils tous joyeusement.
Et hop ! En trois minutes ils ouvrent les mille fenêtres.
Le lutin dit : – Voilà, on a fini. On est tranquille. On fait un jeu ?
Monsieur Edgar n'a encore jamais joué.
Pour la première fois, il fait une partie de cache-cache avec tous les lutins, dans sa grande maison. Peu avant la nuit, il arrête et il dit :
– Euh... Je crois qu'il serait temps de...
– C'est comme si c'était fait ! crient tous les lutins en se poussant du coude.
Et clic, et clac, en trois minutes, ils ont refermé toutes les fenêtres.
Avec un grand sourire, Monsieur Edgar dit :
– Maintenant, je suis fatigué, je monte me coucher.
Jouez sans moi. On se retrouve au petit déjeuner !
Toutes les fenêtres de la grande maison restent allumées tard dans la nuit.
Toutes sauf une : dans sa chambre, malgré les rires et les cris des lutins, Monsieur Edgar dort comme un bébé.

La galette au caillou

Texte : Jean-Pierre Kerloc'h • Illustrations : Pénélope Paicheler

Il était une fois un jeune homme qui allait par les chemins.
Il ne possédait ni argent, ni maison. Mais c'était un malin !
Il avait un secret, ou plutôt un truc, pour se faire nourrir sans payer.
Son secret, c'était un caillou rond qu'il emportait toujours dans sa poche.
Ce jour-là, il arriva devant une belle et grande maison, avec un jardin,
une cour où s'ébattaient des poules, des canards et des cochons grognons.
« Ils ne sont pas pauvres, dans cette maison » pensa-t-il.

Il frappa. Une jolie femme ouvrit la porte.
– Bonjour, Madame ! Auriez-vous un petit quelque chose à manger ?
Comme la femme vivait seule, elle n'avait pas envie de le laisser entrer.
– Hélas, mon pauvre monsieur, je ne suis pas riche. Je n'ai rien à vous donner !
– Dans ce cas, Madame, c'est moi qui vais vous inviter.
– M'inviter ? s'étonna-t-elle.
– Oui, Madame. Je vais vous inviter chez vous ;
je vais vous faire une bonne galette au caillou.
– Une gaga... une galette au caca... au caillou ?
– Vous verrez, dit-il, c'est délicieux ! Et ça ne vous coûtera pas un sou.
Alors, elle le laissa entrer dans la cuisine.

– Pour faire votre galette, dit le jeune homme,
il me faudrait un grand bol et une cuillère en bois.
La femme alla les chercher. Le jeune homme sortit le caillou de sa poche,
il le posa au fond du bol et il commença à tourner le caillou avec la cuillère,
à tourner, à tourner, diguiding, diguiding... Puis il s'arrêta.
– Maintenant, il me faudrait trois gouttes d'eau.
Trois gouttes d'eau, cela ne vous coûtera rien.

Poc, poc, poc ! La femme laissa tomber les trois gouttes d'eau dans le bol.
L'homme recommença à tourner, à tourner...
– Maintenant, dit-il, il me faudrait trois pincées de sel.
Trois pincées de sel, cela ne vous coûtera presque rien.
La femme mit les trois pincées de sel. Zlit, zlit, zlit !
Le gars recommença à tourner, à tourner...

– Votre galette au caillou sera bonne, mais si vous la voulez fondante,
il me faudrait trois cuillerées de beurre bien mou.
La femme glissa trois cuillerées de beurre dans le bol. Gliss, gliss, gliss !
Le gars recommença à tourner, à tourner... Puis il s'arrêta.
– Votre galette au caillou sera bonne, mais si vous la voulez bien
nourrissante, il me faudrait trois cuillerées de farine.
Un peu de farine, ça ne vous coûtera pas cher.
La femme versa les trois cuillerées de farine dans le bol. Plof, plof, plof !

Le gars recommença à tourner, à tourner... Puis il s'arrêta.
– Votre galette au caillou sera bonne,
mais si vous la voulez douce comme le miel,
il me faudrait trois cuillerées de sucre.
Trois cuillerées de sucre, ça ne vous ruinera pas.
La femme mit les trois cuillerées de sucre dans le bol.

Pouillic, pouillac, pouilloc ! Pour faire la galette au caillou,
il y avait maintenant dans le bol : un petit caillou,
de l'eau, du sel, de la farine, du beurre, du sucre...
Le gars continuait à tourner, à tourner :
– Votre galette au caillou sera bonne,
mais si vous la voulez bien goûteuse, il faudrait
qu'une de vos poules me donne un tout petit œuf.
– Je n'en ai que des gros, dit la femme.

– Ça ira quand même, répondit le jeune homme.
Pan, clac, slurp ! Elle cassa l'œuf et elle le mit dans le bol.

orange

Lui continua à tourner, à tourner... Puis il s'arrêta.
– Et voilà. C'est fini. Il ne reste plus qu'à mettre tout cela à cuire.
Il étala la pâte dans un moule et il le glissa dans le four.
Puis il fit un beau sourire à la jeune femme et il dit :
– Pendant qu'elle cuit, nous pourrions grignoter
un petit quelque chose et boire un petit coup !
On ne sait pas ce qu'ils mangèrent,
mais ils burent quelques bolées de cidre
et prirent le temps de se raconter quelques histoires rigolotes.
Bientôt, une bonne odeur se répandit dans toute la maison.
La galette était prête. Dorée, fondante et croustillante.
Miam, miam, miam ! Le jeune homme pensa : « Et voilà, grâce à mon caillou, je me suis fait nourrir sans dépenser un sou ! »
Et il ajouta à haute voix :
– Attention ! N'allez pas vous casser une dent en croquant le caillou.
Ne l'avalez pas non plus. C'est un caillou très précieux.
– Précieux ! Mais pourquoi ? s'étonna la femme.
– Parce qu'il va resservir : celui de nous deux qui le trouvera
dans sa bouche aura le droit de faire une nouvelle galette demain.

On ne sait plus lequel des deux trouva le caillou.
Ce qui est sûr, c'est que le lendemain, ils firent une autre galette
au caillou. Et puis une autre le surlendemain,
et puis tous les autres jours de la semaine.
La femme était si heureuse d'avoir rencontré un pâtissier si rigolo
qu'elle voulut le garder pour toujours auprès d'elle.
Et comme il la trouvait gentille et jolie, ils se marièrent,
et ils firent ensemble beaucoup de petites galettes aux petits cailloux,
qu'ils distribuaient aux enfants les dimanches et les jours de fête.
Si vous n'en avez jamais mangé, vous en mangerez une un jour,
c'est promis !

Le merle bleu

Texte : Catherine de Lasa • Illustrations : Jean-François Martin

Tous les ans, au mois de juillet, la maison de la montagne se réveille. Partout, ça trottine, ça déménage. Au fond du grenier, Maman Souris annonce à ses enfants :
– La famille Duchou va arriver, descendons dans la cuisine, comme ça, nous pourrons nous régaler.
Les enfants Souris, ravis, dévalent les escaliers !
La famille Loir, elle aussi, a décidé de s'installer dans le mur du salon.
Petit Loir se réjouit d'avance. Il dit :
– On pourra regarder la télé.
Moi j'adore les dessins animés !
Et les parents se frottent les pattes :
– Et nous, le soir, on pourra regarder des films d'amour.
Chez les écureuils aussi on se prépare à déménager plus haut sur le grand chêne.
Petit Écureuil a prévenu ses amis :
– Théophile Duchou fait sa cabane juste en-dessous. Alors quand la nuit sera tombée, on pourra venir manger les miettes de son goûter !
Seul le merle bleu est furieux :
– Ces Duchou, ils ne peuvent pas rester chez eux ?
Nous, on est chez nous ici, et on n'a pas besoin qu'ils viennent nous déranger !
Le petit Théophile va passer son temps à me regarder toute la journée, c'est odieux !
Soudain, le merle bleu est interrompu par un bruit de moteur…

Voilà la famille Duchou !
Ils sortent vite de la voiture. Le petit Théophile se demande :
« Est-ce que le petit loir sera toujours là ? »
Son papa ronchonne :
– J'espère que les souris n'auront pas encore grignoté toutes les biscottes !
Sa maman s'écrie :
– Tiens, les écureuils sont toujours dans le chêne,
mais je ne vois pas le merle bleu... Théophile, tu viens, on va voir si on aperçoit son nid.
Mais Théophile hausse les épaules :
– Le merle bleu n'est sûrement pas là, je l'ai vu s'envoler juste quand on arrivait.
D'ailleurs, il ne veut jamais me voir !
– Ne t'inquiète pas, lui dit sa maman, il reviendra. En attendant, commence à t'installer.
Alors Théophile monte tout en haut retrouver sa petite chambre. Elle sent un peu la souris...
Théophile ouvre la fenêtre et il se met à défaire sa valise.
Soudain, il s'arrête devant la fenêtre.
Dehors, le merle bleu vient de passer comme une fusée.
Un aigle le poursuit en haut du peuplier, il lui fait la chasse sur toute la colline.
Le merle bleu commence à s'épuiser. Il ne sait plus où aller...

Tout d'un coup, comme un éclair, le merle bleu entre dans la chambre par la fenêtre ouverte. Théophile referme aussitôt la fenêtre derrière lui.
L'aigle ne peut pas entrer. Alors il s'envole très loin, de l'autre côté de la colline.
Dans sa chambre, Théophile cherche le merle bleu partout.
Et il finit par le découvrir, tout tremblant de peur,
caché entre le lit et l'armoire.
Petit à petit, le merle bleu se calme et il semble reprendre des forces.
Théophile ouvre la fenêtre pour vérifier que l'aigle a bien disparu.
Puis il prend doucement le merle bleu dans ses mains
et il le lance très loin dans le ciel.
Le merle disparaît dans le grand chêne.
Soudain, Théophile sourit : le merle bleu vient de réapparaître
et il revient se poser juste sur le rebord de sa fenêtre !

La vieille vieille et la marmite

Texte : Gigi Bigot • Illustrations : Yves Calarnou
Couleurs : Christophe Bouillet

Il était une fois une vieille vieille qui n'avait plus rien à manger. Plus de fromage, plus de pain, plus rien. Et dans la petite marmite où elle faisait sa soupe, il n'y avait plus rien non plus. Alors, la vieille vieille prend sa petite marmite, elle la range sur une étagère et elle dit :
– Tu sais, ma petite marmite, ton métier de faire la soupe est terminé parce que je n'ai plus rien à te donner.
Mais la petite marmite répond :
– Quoi ? Tu crois que je vais rester à ne rien faire, sur une étagère ? Sûrement pas ! Moi je vais m'en aller tip toper.
Et la petite marmite saute de l'étagère, elle dégringole par terre, elle roule dans l'escalier, elle pousse la porte d'entrée. Et hop ! La voilà sur la route.
Tip top et… tip top et… tip top !
La petite marmite arrive devant un champ de fraises. Une dame est en train de les ramasser. Quand elle voit la petite marmite, la dame dit :
– Elle est très bien cette petite marmite pour ma confiture.
Et elle la remplit de fraises, mais… chut ! Dès que la dame a le dos tourné, la petite marmite, qu'est-ce qu'elle fait ? Elle se sauve !

Elle revient chez la vieille vieille qui n'avait plus rien à manger. La vieille vieille goûte les fraises, et mmmmm… elle mange tout ! Puis elle range sa petite marmite sur l'étagère et elle dit :
– Excuse-moi, petite marmite, je n'ai plus rien à te donner, ton métier de faire la soupe est terminé.
Mais la petite marmite dit :
– Quoi ? Tu crois que je vais rester à ne rien faire, sur une étagère ? Sûrement pas ! Moi je vais m'en aller tip toper.
Et la petite marmite saute de l'étagère, elle dégringole par terre, elle roule dans l'escalier, elle pousse la porte d'entrée. Et hop ! La voilà sur la route.
Tip top et… tip top et… tip top !
La petite marmite rencontre un voleur qui a sur les yeux un masque tout noir et sur le dos un sac plein d'or. Quand il voit la petite marmite, il dit :
– C'est juste ce qu'il me faut pour cacher mon trésor.
Et dedans, il met des sous. Beaucoup de sous. Des sous en or, mais… chut !
Dès que le voleur a le dos tourné, la petite marmite, qu'est-ce qu'elle fait ?
Elle se sauve, remplie d'or à ras bord.
Elle revient chez la vieille vieille qui n'avait plus rien à manger.

Quand elle voit ces sous en or, la vieille vieille, elle les mange ? Mais non ! Elle va chez le boulanger, chez l'épicier, chez le boucher, et elle s'achète un tas de bonnes choses à manger. Et puis la petite marmite, la petite marmite qu'est-ce qu'elle fait ? Elle retrouve son premier métier. C'était quoi ? C'était de faire de la soupe, c'était pas de tip toper !

Les papillons mordeurs

Texte : Marie-Hélène Delval • Illustrations : Emilio Urberuaga

Line et Colin n'ont jamais peur de rien.
Le couloir tout noir, le chien qui grogne, le vent qui hurle, l'orage qui tonne ?
Ils n'ont pas peur ! Line et Colin se croient très courageux.
On est courageux, quand on n'a pas peur, n'est-ce pas ?

Or, un soir, la vieille Adélaïde, la sorcière, est assise devant sa porte.
Lorsqu'elle voit passer Line et Colin, elle fait un geste de son doigt crochu, un petit geste qui veut dire : – Approchez donc un peu, vous deux !
Line et Colin s'approchent. La vieille Adélaïde leur dit :
– Line et Colin, vous qui êtes si courageux et qui n'avez jamais peur de rien, si vous alliez me cueillir quelques fleurs de calendula ?
J'en ai besoin pour mes potions.
Line et Colin s'écrient :
– D'accord, on y va ! Mais où poussent les fleurs de calendula ?
La vieille Adélaïde répond tout bas :
– D'abord, il faut traverser la forêt, à minuit. Ensuite, il faut longer le ruisseau aux fantômes. Alors, on arrive dans la prairie où poussent les fleurs de calendula. Seulement, c'est la prairie où se réunissent chaque nuit les terribles papillons mordeurs ! Line et Colin se mettent à rire :
– Des papillons mordeurs ? Peuh ! Même pas peur !
On ira cette nuit, Madame la sorcière. Vous les aurez, vos fleurs de calendula !

À minuit, Line et Colin entrent dans la forêt. Il fait noir.
Il y a des choses qui craquent et des ombres qui bougent.
Line et Colin n'ont pas peur. Ils savent bien que c'est le vent
qui agite les branches. Puis ils longent le ruisseau aux fantômes.
Les fantômes flottent en silence, ils touchent les joues de Line et de Colin
avec leurs longs doigts froids. Line et Colin n'ont pas peur.
Ils savent bien que c'est le brouillard qui monte du ruisseau.
Enfin, ils arrivent devant la prairie. Les grandes fleurs de calendula sont là.
Mais de tous côtés, surgissent les terribles papillons mordeurs !
Line et Colin n'ont encore jamais vu de monstres comme ça !
Les papillons mordeurs ont de gros yeux méchants,
de larges ailes noires qui battent l'air en faisant un bruit effrayant.
Et surtout, surtout, ils ont d'énormes bouches pleines de dents !
« Oh ! là, là ! pense Line, cette fois, je crois bien que j'ai peur ! »
« Ouille ouille ouille, se dit Colin, là, on dirait que j'ai la trouille ! »
Line a bien envie de partir en courant !
Mais elle se souvient qu'elle a, dans sa poche, une petite boîte de poivre.

Elle ouvre la boîte avec ses mains qui tremblotent, et elle lance le poivre à la tête des papillons mordeurs. Colin a bien envie de s'enfuir en hurlant ! Mais il se souvient qu'il a, dans sa poche, une pelote de ficelle. Il s'approche avec ses jambes qui flageolent, et il lance la ficelle autour des pattes des papillons mordeurs ! Les monstres pleurent, toussent, éternuent à cause du poivre de Line. Et ils ne peuvent plus bouger, ils sont complètement entortillés dans la ficelle de Colin ! Alors vite, Line en profite, elle va cueillir délicatement quelques fleurs de calendula. Puis Line et Colin repartent à toutes jambes le long de la rivière aux fantômes. Ils traversent la forêt, et ils arrivent, le cœur battant, devant la maison de la vieille Adélaïde. La sorcière les attend devant sa porte. Line lui donne les fleurs. Alors la sorcière dit :

– Merci, les enfants. Vous êtes vraiment courageux !

– Courageux ? s'étonne Line. Je ne sais pas... Moi, j'ai eu drôlement peur !

– Et moi, avoue Colin, qu'est-ce que j'ai eu la trouille !

La sorcière s'écrie :

– C'est pour ça que vous êtes courageux ! Tout le monde a peur des papillons mordeurs. Mais vous, Line et Colin, cette nuit, vous avez été plus forts que votre peur !

Drôles de graines !

Texte : Véronique Massenot • Illustrations : Jörg Mühle

Il était une fois, chez les monstres des bois, deux voisins qui ne s'aimaient pas.
Pourquoi ? Nul ne le sait. Les monstres des bois, c'est comme ça :
parfois ils s'aiment… et parfois pas !
Un jour, le monstre Grogredin trouva une drôle de graine sur son chemin.
Vite, il la ramassa et, de retour chez lui, il la sema dans un petit pot.
Chaque matin, il s'en occupait avec soin, l'arrosant juste ce qu'il faut.
Et il lui récitait des poèmes, comme il est bien recommandé
dans les livres de jardinage, chez les monstres des bois.
La drôle de graine germa, et elle devint une drôle de plante,
si belle et si robuste, que Grogredin bientôt put la planter dans son jardin…
juste sous le nez de son voisin Têtencoin !

Le monstre Têtencoin, voyant ça, se mit en colère :
– Ce truc-là va me faire de l'ombre ! Arrache-le et plus vite que ça !
Grogredin répondit :
– C'est MON jardin, JE fais ce que JE veux dedans !
Bien sûr ! Toi, tu ne sais pas jardiner ! Tu es jaloux, c'est tout !
Vexé, Têtencoin se mit à jardiner comme un fou.
Il étudia tous les livres de jardinage.
Il chercha, il trouva et il sema plus de dix drôles de graines !
Il arrosa, il récita des poèmes et, en quelques semaines,
il se fit un drôle de jardin… juste sous le nez de son voisin !
Furieux, Grogredin se jura qu'il pouvait faire mieux.
Sa drôle de plante lui avait donné de drôles de beaux fruits
qui lui donnèrent plusieurs dizaines de drôles de graines.
Et Grogredin les sema… juste sous le nez de son voisin !

Les drôles de plantes,
si bien soignées des deux côtés,
grandirent, grossirent,
et prirent de plus en plus
de place et d'espace.
Elles envahirent le sol,
étouffant toutes les autres fleurs.
Elles envahirent le ciel,
cachant bientôt tout le soleil…
Les deux voisins commencèrent à s'inquiéter.
Ils n'avaient pas prévu que leurs plantations
atteindraient de pareilles dimensions.
D'ailleurs, aucun de leurs livres de jardinage
ne parlait de cela ! Ils arrosèrent
de moins en moins
et cessèrent de réciter des poèmes.
Mais les drôles de plantes étaient déchaînées !
Ils tentèrent alors de les arracher, en vain.
Rien ne pouvait plus empêcher la catastrophe de se produire…
Sous la pression des racines géantes, la terre se mit à gémir,
puis elle grinça… Et soudain, dans un craquement sinistre,
elle s'ouvrit, béante, engloutissant pêle-mêle
Grogredin, Têtencoin, leurs maisons tout entières
et leurs livres de jardinage !

Ils se sentirent tomber
longtemps, longtemps, longtemps,
tremblant de peur,
s'agrippant l'un à l'autre, se demandant
si leur supplice aurait une fin…
Et quand ils atterrirent, sonnés,
mais sains et saufs, au fond du trou,
ils aperçurent de la lumière de l'autre côté.
Alors, ils remontèrent ensemble,
se faisant chacun leur tour la courte échelle.
Et ils ressortirent dans une autre forêt…
de l'autre côté de la Terre !
Depuis, Grogredin et Têtencoin
ont drôlement changé !
D'abord, ils ont retrouvé une maison
— une seule — qu'ils partagent tous les deux !
Mais ce n'est pas tout…
En voyant qu'ici aussi, de l'autre côté
de la Terre, on trouvait les mêmes drôles
de graines, ils voulurent s'en débarrasser.
Ils firent un petit feu, et ils jetèrent
les graines dedans pour les brûler.
Ils s'aperçurent alors qu'une fois grillées,
elles étaient délicieuses à croquer !
Alors, une drôle de belle idée germa
dans la tête des deux monstres des bois…
Et c'est ainsi qu'ils ouvrirent
cette petite échoppe sur le bord du chemin.
On y vient désormais de loin —
et même de l'autre côté de la Terre, paraît-il ! —
pour déguster leur savoureuse spécialité :
« les graines de l'amitié » !

Super-Momo, le canari masqué

Texte : Michel Piquemal • Illustrations : Anne Wilsdorf

Il était une fois une petite fille qui s'appelait Annick
et qui habitait dans une maison avec un jardin.
Elle avait un canari qui s'appelait Momo. C'était son grand copain.
Hélas, dans ce jardin, il y avait une mare. Et un jour de printemps,
un terrible moustique, qui s'appelait Mousticator, vint y pondre des œufs…
Quand l'été arriva, le jardin fut infesté d'ignobles petits moustiques,
si méchants que toutes les nuits, ils venaient piquer Annick.
Bzzzzzzz pic ! sur la joue. Bzzzzzzz pic ! sur l'orteil. Bzzzzzzz pic ! sur les fesses d'Annick.
Pauvre Annick, ça lui faisait des cloques ! Ça la grattait, ça la gratouillait, ça la démangeait.
– Maudits moustiques ! disait Annick, regarde, Momo, ce qu'ils m'ont fait !
Ça me gratte ! Je craque ! Regarde, Momo, ma pauvre figure, je suis pleine de piqûres !
Momo le canari était un vrai copain. Ça lui faisait
un gros chagrin de voir Annick pleine de « pics ».

Une nuit, tandis qu'Annick était dans ses rêves, et que la cage était mal fermée,
Momo le canari en profita pour s'échapper. Et alors, à la lueur de la lune,
Momo le canari se transforma… Il revêtit son habit secret. Désormais, il n'était plus Momo,
mais le grand, le terrible, l'extraordinaire Super-Momo, le vengeur masqué !
Tremblez, sales bestioles, ça va chauffer ! Super-Momo s'élança vers la mare.

Et là, il fit un vrai carnage : glurps ! Il goba cinq moustiques d'un coup !
Miam, deux dans le gosier ! Une de ces sales bêtes lui échappa et elle rentra dans la chambre,
pour piquer Annick. Mais Super-Momo lui tomba dessus avant qu'elle n'ait eu
le temps de dire ouf ! Annick était sauvée. Vive Super-Momo, le vengeur masqué !
Les derniers moustiques qui restaient, plutôt que de piquer, pleurnichaient, pleurnichaient.

Hélas, du bout de la terre, revint alors l'horrible Mousticator, la terreur des petits, le piqueur des fesses jolies. Il était gros, très gros, presque aussi gros qu'un oiseau, avec un dard comme une épée. Il voulait venger la mort de ses petits moustiques.

Heureusement, Super-Momo était là.
– En garde, sale moustique ! s'écria-t-il.
Mousticator répliqua : – Gare à tes plumes, fesses de piaf !
Le combat fut terrible ! Cela dura toute la nuit.
Mousticator fit voler quelques plumes de Super-Momo.

Mais Super-Momo avait plus d'un tour dans son sac. Il attira son ennemi vers la cuvette des toilettes. Il le fit tomber… et de son aile, il tira la chasse. Voilà Mousticator noyé, parti dans le trou des cabinets ! Vive le vengeur masqué !

Annick ne dormait qu'à moitié. Et au beau milieu de son rêve,
elle avait assisté au combat singulier.
– Merci Momo, tu m'as sauvé la peau. Demande-moi ce que tu veux et je te le donnerai.
Momo ouvrit un bec souriant :
– Laisse ma cage ouverte toutes les nuits. Ainsi, je pourrai devenir Super-Momo,
et j'irai courir le monde, pour défendre tous les enfants attaqués.
D'un gros bisou, Annick accepta. Désormais, n'ayez plus peur, les enfants !
Les moustiques ne viendront plus vous embêter.
Au cœur de la nuit, le grand Super-Momo veille ! Bzzzzzzz ! Glurps ! Plus de fesses piquées !
Vive Super-Momo, le vengeur masqué !

Sale comme un cochon !

Texte : Simone Schmitzberger • Illustrations : Fabienne Moreau

Il était une fois un marchand de cochons qui épousa une marchande de dindons.
Ils eurent un enfant pas vilain avec des taches de rousseur au coin des yeux.
Ses parents le trouvaient aussi beau qu'un fils de roi. Hélas, cet enfant était dégoûtant !
Il ne voulait pas se laver, ni se fatiguer à prendre un bain ni s'embêter à se frotter.
Au lieu de l'obliger à se laver, son père lui répétait : – Pouah, tu es sale comme un cochon !
Et sa mère lui disait sans arrêt : – Beurk, tu es sale comme un cochon !
Si bien qu'un beau matin, en se réveillant, le garçon se regarda dans la glace
et il vit qu'il était devenu… un cochon. Oui, un cochon ! Quelle horreur !
Sa mère lui cria, depuis le bas de l'escalier :
– Le petit déjeuner est sur la table ! Moi, je vais donner à manger à mes dindons. Sers-toi !
Le garçon cochon descendit et il essaya de boire son chocolat mais il ne fit que des cochonneries.
C'est alors que sa mère revint. Quand elle vit la saleté de la cuisine, elle se mit à hurler contre
le cochon et elle chassa l'animal de la maison.

Puis elle appela son fils qui ne répondit pas.
Alors elle commença à le chercher et, très vite, à s'inquiéter…
La mère rejoignit le père qui travaillait dans la cour.
Elle lui dit que leur enfant avait disparu et ils continuèrent les recherches tous les deux. Ils étaient de plus en plus affolés.
Mais bientôt, ils durent s'arrêter car le marchand de bétail arrivait avec son grand camion. Il venait comme tous les mois, prendre sa livraison de cochons.
Le père lui vendit tous ses cochons. Et les parents reprirent leurs recherches.
Mais ils ne trouvèrent personne dans le poulailler, personne sur le tas de fumier, personne près de la flaque de boue. Pas la moindre trace de leur fils.
Le soir, quand ils rentrèrent à la maison, le père eut une étrange idée : il fit ses comptes et il trouva qu'il avait vendu un cochon de trop. Sa femme poussa un grand cri et elle hurla :
– Tu as vendu notre garçon !
Et ils ne dormirent pas de la nuit.

8+2-3=7
7×6=42
42-36=6
6-5=1

Dès que le jour fut levé, les parents se rendirent au marché. Ils regardèrent attentivement tous les cochons. Tout à coup, la mère en remarqua un, un peu à l'écart, qui avait des taches de rousseur au coin des yeux.
Il s'approcha d'elle en grognant. La mère dit au marchand :
– Ce cochon-là m'a l'air bien mal en point.
Je vous le reprends, avant qu'il ne donne son mal aux autres.
C'est ainsi qu'elle rentra à la maison avec son garçon transformé en cochon.
Elle l'installa dans sa chambre, lui fit prendre un bain, lui lissa les poils.
Il devenait presque beau à voir. Et lui, tout propre, se sentait mieux.
En le voyant, le père s'exclama :
– Comme il est propre, comme il est mignon !
On voit que ce n'est pas un vrai cochon !
Quand vint l'heure du dîner, la mère appela son enfant. Au lieu d'entendre un grognement, elle entendit une voix claire lui répondre : – Maman !
Et c'est son petit garçon qui arriva tout propre,
tout rose, avec les cheveux bien peignés.
À partir de ce jour, le garçon continua à se rouler dans la boue et à se salir mais il se lava tous les jours — ou presque — et plus jamais son père ni sa mère ne le traitèrent de cochon. Car il y a des paroles qui vous entraînent parfois
dans de drôles d'histoires !

Le dévoreur de mamans

Texte : Marie-Hélène Delval • Illustrations : Hélène Moreau

Ce matin, la maman de Romain l'a grondé une fois, deux fois, trois fois.
Romain en a assez de cette maman-là ! Alors, il prend sa pâte à modeler,
il fabrique une grosse tête ronde avec deux petits yeux méchants
et une grande bouche pleine de dents. Maman regarde la sculpture et elle dit :
– Il est drôle ton bonhomme, Romain. Mais pourquoi tu ne lui fais pas des jambes et des bras ?
– Parce que… répond Romain.
Sa maman ne saura pas que Romain vient d'inventer… un dévoreur de mamans. Bien fait !
Et Romain va poser son dévoreur de mamans dans sa chambre.

Ce soir-là, Romain est dans son lit, quand il entend un drôle de bruit. Et que voit-il à côté du lit ?
Une grosse tête ronde avec deux petits yeux méchants et une grande bouche pleine de dents !

Romain crie :
– Qu'est-ce que tu fais là ? Va-t'en, tu n'existes pas !
– Bien sûr que si, j'existe, puisque tu m'as fabriqué, dit le dévoreur de mamans. Alors, raconte-moi, qu'est-ce qu'elle t'a fait, ta maman ?
– Eh bien, dit Romain, d'abord, elle m'a grondé !
– Ah, ah, dit le dévoreur de mamans.
– Après, elle m'a grondé, ajoute Romain.
– Oh, oh, dit le dévoreur de mamans.
– Et puis, elle m'a encore grondé ! continue Romain.
– Eh, eh, dit le dévoreur de mamans, l'affaire est grave en effet ! Eh bien, c'est d'accord : demain, ta maman, je la dévore.
– Oui, crie Romain, bien fait !
Le dévoreur de mamans est tout content. Il saute sur le lit en faisant rouler ses yeux méchants. Et tout à coup, Romain lui trouve un air un peu trop méchant, justement. Il dit :
– C'est vrai, maman m'a grondé. Mais j'avais renversé mon lait, euh… un peu exprès.
– C'est ça ! dit le dévoreur de mamans. Ta maman t'a grondé, je vais la dévorer.
Romain dit :
– Oui, mais après, j'ai fait tomber la brosse de maman dans les cabinets.
– D'accord ! dit le dévoreur de mamans. Ta maman t'a grondé, je vais la dévorer.
Romain crie :
– Et puis, j'ai trépigné au supermarché pour qu'elle m'achète des cacahuètes !
– Très bien, dit le dévoreur de mamans, ta maman t'a grondé, je vais la dévorer.

Et la grosse tête roule sur le lit de Romain en faisant claquer ses grandes dents.
Alors Romain s'énerve :
– Mais ce n'est pas possible, tu ne comprends vraiment rien.
Tu es le plus bête de tous les dévoreurs de mamans !
Et Romain attrape sa couette, il la jette sur la grosse tête
et il l'entortille dedans, bien serré.
Puis il l'écrabouille à coups de poing, jusqu'à ce qu'elle soit tout aplatie.
Voilà, c'est fini ! Romain peut retourner se coucher.
En se glissant sous sa couette, il rit en pensant à sa maman :
pauvre petite maman chérie… Elle ne saura jamais
qu'elle a failli être dévorée par un dévoreur de mamans ! Jamais !

Table des contes et histoires

Histoires venues de loin

De l'éléphant très grand à la souris riquiqui

Le canari masqué et autres histoires farfelues

Encore plus de contes, chez Bayard Jeunesse

Le grand méchant livre du loup
Le grand livre abracadabrant des sorcières
Le grand livre farfelu des farfadets
Le grand livre fabuleux des dragons

Le Chat Botté et autres contes de toujours
Le magicien des étoiles

L'éditeur tient à remercier les auteurs et les illustrateurs qui l'ont autorisé à reproduire ces contes et histoires.
Nous invitons les auteurs, illustrateurs et/ou ayants droit que, malgré nos recherches,
nous n'aurions pas réussi à contacter, à se mettre en rapport avec nous.

Conception graphique : Studio BEJ et Natacha Kotlarevsky

ISBN : 978-2-7470-2920-9
Loi 49-956 du 16 juillet 1949
sur les publications destinées à la jeunesse
Dépôt légal : octobre 2009
Imprimé à Singapour